Robert Spaemann / Thomas Fuchs

Töten oder sterben lassen?

HERDER / SPEKTRUM
Band 4571

Das Buch

„Euthanasie", der „gute Tod", ist in den letzten zwei Jahrzehnten in den Brennpunkt öffentlicher Diskussionen gerückt. Menschenwürdig sterben, das ist der Wunsch aller. Immer lauter wird freilich auch die Forderung erhoben, den Zeitpunkt des eigenen Todes mit ärztlicher Hilfe selbst wählen zu können. Besonders die fortschreitende Liberalisierung der Sterbehilfe in den Niederlanden wirkt als Signal. Die Legalisierung der Tötung kranker oder alter Menschen wird bereits ernsthaft gefordert und diskutiert. Ist Töten ein Ausweg? Müssen Ärzte ihr Berufsethos opfern und aktiv zu einem „guten Tod" verhelfen? Soll Töten auf Verlangen erlaubt werden? Wann wird der humane Impuls zur Unmenschlichkeit? Wo verläuft die Grenze zwischen Töten und Sterbenlassen, zwischen dem Kampf gegen das Leiden und der Beseitigung von Leidenden? Weist Mitleid den richtigen Weg? Welche Antworten kann es geben? Sicher ist: Es geht in dieser Frage um Fundamente der Humanität. Ein engagiertes und entschiedenes Plädoyer und ein Buch, das die in einer breiten Öffentlichkeit diskutierten Fragen aufgreift, weil es den ethischen Grundkonsens an einer Frage thematisiert, die existentiell jeden betrifft.

Die Autoren

Robert Spaemann, Dr. Dr. h. c. mult., Professor für Philosophie an der Universität München, lebt in Stuttgart.
Thomas Fuchs, Dr. med., Facharzt für Psychiatrie und Psychotherapie, Oberarzt an der Psychiatrischen Universitätsklinik Heidelberg.
Cordelia Spaemann, Publizistin, Übersetzerin, lebt in Stuttgart.
Martin Schmidt, Dr. med., Oberarzt am Bezirkskrankenhaus Kaufbeuren.

Robert Spaemann / Thomas Fuchs

Töten oder
sterben lassen?

Worum es in der Euthanasiedebatte geht

Mit Beiträgen von Cordelia Spaemann
und Martin Schmidt

Verlag Herder
Freiburg · Basel · Wien

Zum Umschlagfoto:
Das Agenturfoto zeigt den australischen Arzt Dr. Philip Nitschke bei der Demonstration seines computergesteuerten „death-delivery-systems". Am 26.09.1996, drei Monate nach Legalisierung der Euthanasie in Nordaustralien, hatte sich damit erstmals ein krebskranker Patient, der 66jährige Bob Dent, durch Tastendruck die programmierte tödliche Injektion verabreicht. Der Arzt brachte die Apparatur am Patienten an, der sie dann mittels eines Laptops selbst in Gang setzte. Nach einer Reihe von Vorinformationen erschien auf dem Display schließlich die Frage: „Wenn Sie auf ‚ja' drücken, werden Sie eine tödliche Injektion innerhalb von 30 Sekunden auslösen. Wollen Sie fortfahren?" Bob Dent war der erste Mensch, der sich mittels einer Computertastatur das Leben nahm. (Dr. Thomas Fuchs)

Gedruckt auf umweltfreundlichem,
chlorfrei gebleichtem Papier

Originalausgabe

Alle Rechte vorbehalten – Printed in Germany
© Verlag Herder Freiburg im Breisgau 1997
Herstellung: Freiburger Graphische Betriebe 1997
Umschlaggestaltung: Joseph Pölzelbauer
Umschlagfoto: © Associated Press GmbH
ISBN: 3-451-04571-0

Inhalt

Ich klage an
Spielfilm. Deutschland 1942

von Cordelia Spaemann

Hanna, die Protagonistin des Films, ist eine Person, die mit dem Wort „blutjung" treffend gekennzeichnet ist, eine Mädchen-Frau, die alle Assoziationen wie Natürlichkeit, Frische, übersprudelnde Lebensfreude, Heimatliebe, Häuslichkeit auf sich zieht und für den deutschen Kinobesucher der 40er Jahre zu einem Inbegriff des Liebenswerten vereinigt. Für die tragische Wende ihres Lebens sind die Tränen des Publikums im voraus gesichert.

Eine ehrenvolle Berufung ihres Mannes – er ist ein berühmter Mediziner – versetzt Hanna in einen Taumel des Glücks, hinter dem sich schon Düsteres ahnen läßt. Bei einem Hauskonzert versagt ihr die Hand am Cembalo und entgleitet in Kakophonie. Das mit Ehemann und Jugendfreund gespielte Trio wird jäh unterbrochen. Der Zuschauer spürt, daß es sich hier um ein Lebenstrio handelt. Eine von tiefer Symbolik durchzogene Geschichte kündigt bereits am Anfang ihr erschütterndes Ende an.

Im Versagen ihrer Hand sieht man zunächst die Folge eines Unfalls, ihr verändertes Befinden nimmt man als Zeichen, daß sie „guter Hoffnung" ist. Hanna gibt sich freudigen, von Kinderlachen untermalten Träumereien hin. Unterdessen stellt der Jugendfreund – ebenfalls Mediziner – durch Augenspiegelung die tödliche Krankheit fest: Multiple Sklerose. Die Prognose lautet: Zunächst Lähmung der Beine, dann der Arme, schließlich der Zunge – Hanna wird lallen und wie ein Kind gefüttert werden, um dann in entsetzlichen Schüben die Lähmung der Atmungsorgane und am Ende den Erstickungstod zu erleiden.

Ein richtiger Arzt gibt nie auf, und ein richtiger Forscher auch nicht.

So tröstet der Ehemann in einem Dialog, der an Volkstümlichkeit nichts zu wünschen übrig läßt.

Er macht sich auf die fieberhafte Suche nach dem Erreger der Krankheit, während Hanna zusehends verfällt. Heimgesucht von düsteren Vorahnungen, verbringt sie einsame Tage und Nächte, während im Labor des Ehemanns Entdeckung und Enttäuschung einander folgen. Er beschwört Hanna, ihm dennoch zu glauben: Er werde sie retten und den Wettlauf mit dem Tod gewinnen. Aber ihre Wünsche gehen bereits in eine andere Richtung. Sie möchte von ihrem Leben „erlöst" werden.

Hanna (zu ihrem Ehemann): Ich bitte dich darum, für den Notfall. Ich kann es mir ja ausrechnen. Ich will nicht immer so liegen! Jahrelang kein Mensch mehr. Nur noch ein Fleischklumpen …

(Und zum Jugendfreund): Wenn es schlimmer wird mit mir … dann vergiß, die Medizinflasche mitzunehmen (der Zuschauer weiß, daß die Flasche Arsen enthält)! Du bist doch mein bester Freund! Versprich es mir!

Darauf der Freund: Ein Arzt ist ein Diener des Lebens, das muß er erhalten um jeden Preis. Darf er den Tod aufhalten, wenn er es kann? Aber natürlich! Darf er die Qual des Todes verkürzen? Nein! Weil wir nicht wissen, was das Leben ist. Wir wissen auch nicht, was der Tod ist. Solange der Körper lebt, kann noch alles gut werden.

Hanna: Das ist sehr schön ausgedacht für den Gesunden, aber sehr dumm.

(Und wieder zum Ehemann): Du mußt mir helfen, daß

ich deine Hanna bleiben kann, und nicht etwas anderes, taub und blind und idiotisch. Ich könnte es nicht ertragen. Versprich mir, Thomas, daß du mich vorher erlöst. Tu es, versprich es, wenn du mich wirklich lieb hast!

Der Zuschauer, der durch ehrfurchterregende Fachgespräche im Labor mit dem Verlauf der Krankheit vertraut gemacht wurde, erlebt nun Hannas ersten Erstickungsanfall, das Signal für den Mediziner, entschlossen einzugreifen. Er schickt den hilflosen Freund ans Klavier.

Und zu Hanna: Bernhard will dir ein bißchen Klavier vorspielen. Macht dir das Freude? Ich geb dir jetzt Medizin, damit du schlafen kannst.
Hanna (immer über Klaviermusik): Es schmeckt so bitter ... Jetzt bin ich so ruhig und glücklich ... Weißt du noch, Thomas, wie ich damals zu dir kam ... da sind wir auch so gesessen. Ich fühl mich so leicht, so glücklich wie noch nie. Ich wünschte, es wäre der Tod.
Thomas: Es ist der Tod, Hanna.
Hanna: Wie ich dich liebe! Ich wünschte, ich könnte dir die Hand geben.
Thomas: Ich liebe dich, Hanna.
Hanna: Ich liebe dich, Thomas. (Die Sterbeszene ist undeutlich gefilmt. Der Pfarrer kommentiert später: Liebe ist Medizin. Auch die Vernunft ist von Gott.)
Bernhard (aus dem Klavierzimmer kommend): Warum machen wir denn kein Licht?
Thomas: Hanna ist tot.
Bernhard: Hast du sie getötet?
Thomas: Erlöst.
Bernhard: Erlöst? Erlöst nennst du das? Du hast sie gemordet! – Sie hat mich darum gebeten, aber weil ich sie liebte, hab ich es nicht getan.
Thomas: Weil ich sie mehr liebte, hab ich es getan. Weil

ihr Leiden unmenschlich war. Weil der Mensch über dem Tod stehen muß, wenn es darauf ankommt.

Bernhard: Aus, Thomas! Ich bin mit dir fertig! Ich will dich nie wieder sehen! *(Er geht rasch und entschlossen ab. Aber Berta, die alte Amme, hat hinter der Tür gelauscht und erstattet sofort Anzeige beim nächsten Polizeirevier.)*

Wir sehen Thomas nun vor Gericht als Angeklagten, der auf alle Fragen seines Richters schweigt, während die Zeugen einmütig von ihm das Bild eines edlen, pflichttreuen Gelehrten entwerfen. Nur Bernhard, der Kronzeuge, fehlt. Von Zweifeln geplagt, wünscht er, das Kind zu sehen, das er vor Jahresfrist dem Tod entrissen hat. Ein erschütternder Anblick (der dem Kinobesucher erspart bleibt) bietet sich ihm: Das gerettete Kind ist zum verblödeten Anstaltskind geworden. Bernhard weiß nun:

Ich hätte es nicht zum Leben zwingen, ich hätte es sterben lassen sollen.

(Und er folgert) Wäre dann sterben lassen nicht dasselbe gewesen wie töten? Und töten aus Mitleid nicht dasselbe wie sterben lassen?

Dieser Kurzschluß in Bernhards Gedanken nötigt dem Zuschauer ein unwillkürliches Nicken ab. Ohne es zu merken, ist er schon auf dem Weg vom Töten auf Verlangen zum Töten ohne Verlangen. Der Begriff „lebensunwertes Leben" fängt an, Gestalt zu gewinnen.

Bernhard eilt, von seiner neuen Einsicht getrieben, zum Zeugenstand, um ein Bekenntnis zur Tat des Freundes abzulegen, das er mit Rücksicht auf das rührselige Publikum besonders innig formuliert:

Er hat sein Liebstes geopfert, um seinem Liebsten zu helfen.

Der Film schließt, noch vor der Urteilsverkündigung, mit einer emphatischen Rede des großen Forschers:

Ich will nicht länger schweigen. Ich klage an. Ich klage einen Paragraphen an, der Ärzte und Richter daran hindert, dem Volk zu dienen. Eine Rechtsordnung, die verlangt, daß der unheilbar Kranke sich sinnlos mit seinen Schmerzen zu Tode quälen muß, ohne die Möglichkeit einer wohltätigen Erlösung. Eine solche Rechtsordnung ist unmenschlich und unnatürlich. Die Natur läßt das nicht mehr Lebensfähige schnell zugrunde gehen ... Wer Nachfolger haben will, der muß vorangehen können. Ich fühle mich nun nicht mehr als Angeklagter, weil ich durch meine Tat den schwersten Verlust erlitten habe. Nein, *ich* klage jetzt an! Darum will ich auch nicht, daß meine Sache vertuscht wird.

Denn wie es auch ausfallen wird, das Urteil wird ein Signal, ein Weckruf sein! Ich bekenne: ich habe meine Frau auf ihren Wunsch von ihrem Leiden erlöst.

Der Film „Ich klage an" hat unterdessen Schule gemacht. Eine nicht kleine Zahl von Filmen „dealing with dying and euthanasia", vor allem aus amerikanischer Produktion, sind seitdem erschienen. In Deutschland zählt „Ich klage an" seit etwa einem Jahr zu den sogenannten Vorbehaltsfilmen, die nur in beschränktem Ausmaß der Öffentlichkeit zugänglich sind. Wollte man uns durch diese Maßnahme vielleicht vor der Ansteckung seiner Euthanasiepropaganda schützen? Oder sollten wir nur die Ähnlichkeit der Ideologien gestern und heute nicht so deutlich vor Augen geführt bekommen?

Es gibt kein gutes Töten

von Robert Spaemann

Wer ein Tabu bricht, hat zunächst einen argumentativen Vorsprung. Nicht nur Borniertheit, Dumpfheit und Unmündigkeit leben ja vom passiven, schweigenden, unreflektierten Einverständnis, auch die Fundamente der Humanität bedürfen der Verankerung in der Tiefe des Selbstverständlichen und der Fähigkeit zur schlichten Empörung, wo sie in Frage gestellt werden. „Wer sagt, man dürfe auch die eigene Mutter töten", so schreibt Aristoteles, „hat nicht Argumente, sondern Zurechtweisung verdient."

Zurechtweisung ist kein Argument. Der Zurechtgewiesene kann, wenn er insistiert, den Diskurs am Ende erzwingen und zum Nachdenken nötigen über die Gründe der Selbstverständlichkeit. Schon Sokrates wußte dem Zyniker Kallikles für eine solche Nötigung Dank. Durch sie findet eine Scheidung jener Tabus, deren Gründe das Licht scheuen müssen, von jenen anderen statt, die, einmal ans Licht getreten, Empörung über ihre Verletzung verlangen. Es wäre ja etwas in einer menschlichen Zivilisation nicht in Ordnung, wenn der Satz „Das Leben eines neugeborenen Kindes ist weniger wert als das eines ausgewachsenen Schweins" nicht – allem Nachdenken vorausgehend – einen Reflex des Abscheus hervorrufen würde. Der australische Tierschutzphilosoph und Ethiker Peter Singer, der diesen Satz in seiner „Praktischen Ethik" niederschrieb, würde diesen Reflex als Ausdruck eines kruden „Speziezismus", d.h. unreflektierter Parteilichkeit für die eigene Spezies abtun.

Ist er das? Und wenn er es wäre – sind Menschen tatsächlich zu einem view from nowhere verpflichtet, der ihr natürliches Koordinatensystem kurzerhand außer Kraft setzt, das über Nähe und Ferne entscheidet? Ist nicht vielmehr dieser Versuch, den Gottesstandpunkt einzunehmen, eher die äußerste Form menschlicher Hybris, weil er die kreatürliche Gemeinschaft mit allem Lebendigen auf der Erde zerschneidet?

Die Verblüffung durch die Thesen Singers und seine Durchbrechung des seit 1945 herrschenden Euthanasietabus beginnt erst allmählich einem sokratischen Nachdenken über die guten Gründe für dieses Tabu zu weichen.

Die zivilisatorische Situation

Zunächst haben wir es zu tun mit der demographischen Situation der westlichen Industrieländer. Sie ist historisch beispiellos. Während der medizinische Fortschritt dazu geführt hat, daß immer mehr Menschen immer älter werden, propagieren seit drei Jahrzehnten alle relevanten öffentlichen Meinungsbildner einen Lebensstil, aufgrund dessen nun bald immer weniger junge Menschen diese älteren Menschen zu ernähren haben. Die „Pille", wie immer man sonst über sie denken mag, begünstigte diese Entwicklung. Außerdem war der sogenannte Generationenvertrag nicht als Drei-Generationen-Vertrag, sondern leider als Zwei-Generationenvertrag konzipiert, also so, daß er diejenigen ökonomisch privilegiert, die es vorziehen, sich im Alter von den Kindern anderer Leute erhalten zu lassen. Daß diese Kinder davon einmal, wenn es so weit ist, nicht begeistert sein würden, war zu erwarten.

Es ist nun bald soweit. Und es gehört schon ein hohes Maß an Naivität dazu, im Ernst an Zufall zu glauben, wenn ausgerechnet in diesem Augenblick und ausgerechnet in eben jenen westlichen Industrieländern die Tötung kranker

13

oder alter Menschen legalisiert oder deren Legalisierung gefordert und ernsthaft diskutiert wird. Nicht, als ob die demographische Situation in diesem Zusammenhang als Argument auftauchte und Euthanasie als Lösung empfohlen würde. Das wäre kontraproduktiv. Der Zusammenhang entfaltet gerade als latenter erst seine volle Wirkung. Auch die Psychiater im Dritten Reich, die das mörderische Euthanasieprogramm exekutierten, argumentierten nicht sozialpolitisch, sondern vom „wohlverstandenen" Lebensinteresse des Einzelnen aus. „Lebensunwertes Leben" hieß auch im damaligen Sprachgebrauch jenes Leben, das für den, der es zu leben hat, nichts mehr wert ist. Und der Film „Ich klage an", mit dem Joseph Goebbels Akzeptanz für das Vernichtungsprogramm zu erzeugen suchte, propagierte lediglich die Einstiegsdroge „Tötung auf Verlangen". Die Tötung sollte als Tat der Liebe und des Mitleids, als Hilfe zu „menschenwürdigem Sterben" erscheinen.

Der Film war von seiner Zielsetzung her hervorragend gemacht (ein kurzer Bericht über ihn leitet das vorliegende Buch ein). Die Einwände des ärztlichen Ethos werden von einer sympathischen Figur mit großem Ernst vorgebracht, so daß deren Gesinnungswandel dann um so eindrucksvoller wird. Und natürlich darf der Pfarrer nicht fehlen, der sich von seiner traditionellen Rolle als Prediger der Leidensbereitschaft emanzipiert mit dem Argument, daß schließlich Gott den Menschen mit Vernunft ausgestattet hat, damit er diese Vernunft gebraucht.

Wahrscheinlich gibt es heute noch keine Gruppe von Mächtigen, die das Mitleid im Dienst einer bevölkerungspolitischen Strategie bewußt instrumentalisiert. Aber es gibt objektive Interessenlagen. Es gibt Trends, die sich aus diesen Interessenlagen ergeben und Forderungen, deren Chance darin liegt, daß sie genau in diese Trends passen. Es gibt das, „was in der Luft liegt".

Zwei Faktoren verstärken die Plausibilität der Forderung,

Euthanasie zu legalisieren. Da ist zunächst die enorme Steigerung der Möglichkeit, Leben durch Apparate zu verlängern. Die alte berufsethische Regel, der Arzt müsse jederzeit alles tun, was er kann, um den Tod eines Menschen zu verhindern – und das kann ja immer nur heißen: hinauszuschieben – wird problematisch, wenn dieses Können ein bestimmtes Maß überschreitet. Prothesen können inzwischen Lebensfunktionen eines Organismus substituieren und moribunde Menschen künstlich am Leben erhalten, mit oder ohne deren Einverständnis. Der Entschluß, von diesen Mitteln keinen Gebrauch zu machen oder den Gebrauch irgendwann zu beenden, scheint einer Tötung durch Unterlassung gleich zu kommen, vor allem, wenn der Übergang vom Handeln zum Unterlassen nur durch ein erneutes Handeln zu bewerkstelligen ist, also z.B. durch das Abstellen einer Maschine. Weil aber ein solcher Entschluß oft plausibel und manchmal einfach unvermeidlich ist, liegt die Frage nahe, was denn ein solches Unterlassen von „aktiver Sterbehilfe" unterscheidet. Welchen Unterschied macht es, so fragt Peter Singer, ob eine Mutter ihr Kind mit einem Kissen erstickt oder ob sie es verdursten läßt? Dabei unterstellt er, verdurstenlassen und auf den Anschluß an ein Beatmungsgerät verzichten sei die gleiche Art von Unterlassen, nur weil beides zum Tode führt.

Der andere und entscheidende Faktor liegt in einer Grundstimmung der westlichen Zivilisation, die es einerseits als höchstes Ziel des Menschen betrachtet, sich zu vergnügen oder wenigstens sich wohlzufühlen, und andererseits als höchste moralische Pflicht, die Welt durch Vermehrung der Menge angenehmer Gefühle zu optimieren. (Sogar Gottesdienste werden daran gemessen, ob sie „Spaß machen", ohne daß man bedenkt, daß Geistliche, die sich als Spaßmacher verstehen, gegenüber jedem Clown oder professionellen TV-Unterhalter unvermeidlich ins Hintertreffen geraten.) Heideggers Begriff der „Seinsvergessenheit" ist in diesem Zusammenhang hilfreich. Was die Welt in dieser Sicht kostbar macht, ist nicht das Sein von Menschen, Tieren oder Pflanzen, sondern es sind bestimmte Zustände und Erlebnisse, und Menschen nur insofern, als sie Träger solcher Zustände sind. Was vor allem nicht sein soll, sind unangenehme Zustände. Leiden muß um jeden Preis beseitigt werden. Und wo es nicht anders beseitigt werden kann als durch Beseitigung des Leidenden, da ist eben diese angezeigt.

„Wert des Lebens"?

Schon die Rede von einem „Wert des Lebens", von lebenswertem oder lebensunwertem Leben, beruht auf dem Vergessen, daß es so etwas wie Wert oder Unwert doch nur unter der Voraussetzung von Leben geben kann. Inzwischen hat Georg Meggle, ein deutscher Philosophieprofessor, doch tatsächlich einen Kalkül entwickelt, der es erlauben soll, den Wert des Lebens zu einem gegebenen Zeitpunkt in DM-Betrag umzurechnen, und zwar wohlgemerkt, den Wert des jeweils eigenen Lebens; denn wenn man davon absieht, daß Menschen Personen sind, kann der Wert meines Lebens für *andere* natürlich ebenso wie der des Lebens einer Kuh taxiert werden, das Leben kann wertvoll oder wertlos sein. Aber das setzt immer wieder das in sich selbst untaxierbare Leben anderer voraus. Das eigene Leben unter dem Begriff des Wertes denken, für den es eine objektive Berechnungsskala geben könnte, ist absurd.

Der Fehler dieses Versuchs liegt darin, daß er von der Möglichkeit, den Wert eines Lebensabschnitts, z.B. eines einzelnen Tages im Verhältnis zum Ganzen des Lebens zu bestimmen, auf die Möglichkeit schließt, das Ganze des Lebens zu taxieren, weil dessen Wert nur der Wert der Summe der einzelnen Lebensabschnitte sei. Dieser Gedanke drückt einen beängstigenden Grad von Selbstentfremdung aus. Töten ist ja nicht deshalb verwerflich, weil es auf die Länge des Lebens ankäme, nach dem Motto: je länger desto besser, sondern weil in jedem Abschnitt des Lebens das ganze Leben gegenwärtig ist. Einen Tag des Lebens vernichten heißt: an diesem Tag das Leben, also die Person selbst vernichten. Im Verhältnis wozu aber kann der Wert der Existenz der Person bestimmt werden? Nur im Verhältnis zu ihrer Nichtexistenz, also zum Tod. Die Frage, zu der sich Meggle bekennt, lautet denn auch: „Wie schlimm ist es tot zu sein?" Schlimm für wen? Wie kann für jemanden, der tot ist, etwas gut oder schlimm sein? Hier wird mit Worten gespielt. Allenfalls ein sehr spezielles und problematisches Verständnis von der Unsterblichkeit der Seele könnte die Frage überhaupt verständlich machen. Im übrigen aber erinnert der Kalkül eher an das alte Studentenlied „Ich wollt' ich wär ein Louisd'or / Da kauft' ich mir n' Bier dafor".

Wenn es nur auf bestimmte qualitative Zustände ankäme und diese Zustände nicht des Menschen wegen, sondern der Mensch dieser Zustände wegen existierte, würde in der Tat jenes Inkommensurable verschwinden, das wir meinen, wenn wir wie Kant sagen, der Mensch habe keinen Wert, also auch keinen Preis, sondern „Würde".

Nun ist es allerdings gerade der Begriff der Menschenwürde, der im Zusammenhang mit der Forderung nach legaler Tötung eine große Rolle spielt. Vom „Recht auf menschenwürdiges Sterben" war in dem genannten Film der Nationalsozialisten die Rede, und genau diesen Begriff interpretiert nun der katholische Theologe Hans Küng im gleichen Sinn wie der Pfarrer in diesem Film und gibt damit ein wesentliches Element jenen Ethos auf, welches alle großen Religionen miteinander verbindet. Menschenwürdig soll es sein, den Zeitpunkt des eigenen Todes selbst zu wählen: „Hat nicht Gott dem Menschen die Vernunft gegeben?"

Zur Beurteilung des Selbstmords

Aus dem Recht, sich selbst zu töten, wird nun sogleich das Recht, sich töten zu lassen, abgeleitet. Diese Ableitung ist irrig. Die Straflosigkeit des Selbstmords ist ganz unabhängig von seiner sittlichen Beurteilung und bedeutet auch nicht, daß er „gesetzlich erlaubt" wäre, sondern sie bedeutet, daß er sich der rechtlichen Normierung prinzipiell entzieht. Es gibt zwar auch einige Gesetze, die den Menschen „paternalistisch" gegen sich selbst schützen, aber dies geschieht immer in stellvertretender Wahrnehmung eines immer unterstellten Interesses an der eigenen Existenz. Die Handlung, mit welcher jemand dieses Interesse definitiv negiert und aus dem Beziehungsnetz auszuscheiden sucht, das alles Lebendige, insbesondere aber alle Menschen miteinander verbindet, kann nicht mit den Maßen gemessen werden, die innerhalb dieses Netzes gelten. Alle Handlungen und Unterlassungen anderer aber, die den Selbstmord eines Mitmenschen verhindern, fördern oder stellvertretend exekutieren, finden *innerhalb* dieses Beziehungsnetzes statt und unterliegen also dessen Gesetzen. Selbstmord ist nicht ein „Recht", sondern eine Handlung, die sich der Rechtsspähre entzieht. Von ihr führt kein Weg zu irgendeinem Recht, einen anderen zu töten, beziehungsweise von einem anderen getötet zu werden.

Wenngleich sich auch der Selbstmord einer rechtlichen Normierung entzieht, so ist es für ein Gemeinwesen doch von großer Bedeutung, wie er sittlich beurteilt wird. Die Verurteilung des Selbstmords in unserer Zivilisation ist keineswegs, wie immer wieder behauptet wird, nur jüdisch-christlichen Ursprungs. Sie entspricht vielmehr einer großen philosophischen Tradition, die von Sokrates über Spinoza und Kant bis zu Wittgenstein reicht. Der platonische Sokrates sieht im Leben eine Aufgabe, die wir uns nicht selbst gestellt haben und der wir uns nicht eigenmächtig entziehen dürfen. Der Sinn des Lebens ist offensichtlich so wenig von uns selbst gesetzt, wie das Leben selbst, und er enthüllt sich uns deshalb auch nicht in irgendeinem Augenblick des Lebens vollständig. „Wenn der Selbstmord erlaubt ist, ist alles erlaubt", heißt es deshalb bei Wittgenstein. Warum, das lesen wir am ehesten bei Kant. Für Kant ist der Selbstmord nicht Ausdruck von, sondern Absage an Autonomie und Freiheit des Menschen, denn mit diesem Akt wird ja gerade das Subjekt von Freiheit und Sittlichkeit vernichtet. Der Selbstmord ist deshalb jener Akt der Selbstvergessenheit, mit welchem ein Mensch dokumentiert, daß er sich selbst nur noch als Mittel zur Erreichung oder Erhaltung wünschenswerter Zustände versteht, als Mittel, das sich, wenn es versagt, selbst beiseite räumt. Wir stehen aber zu unserem eigenen Leben, das die Bedingung jedes instrumentellen, auf Zweck gerichteten Handelns ist, nicht nur in einem rein instrumentellen Verhältnis. Der Versuch, sich vom Leiden zu befreien, hat immer befreites Leben zum Ziel. Aber wer ist das Subjekt einer „Befreiung vom Leben"? Niemand kann den Menschen daran hindern, sich als bloßes Mittel zu betrachten. Und in den meisten Fällen ist die Selbsttötung ja tatsächlich Ausdruck von extremer Schwäche und geminderter Zurechnungsfähigkeit. Wo sie als legitime Handlung, ja als Ausdruck der Menschenwürde gilt, da ergibt sich unweigerlich eine verhängnisvolle Folge, die durch die Legalisierung aktiver Sterbehilfe noch verstärkt wird. Wo das Gesetz es erlaubt und die Sitte es billigt, sich zu töten oder sich töten zu lassen, da hat plötzlich der Alte, der Kranke, der Pflegebedürftige alle Mühen, Kosten und Entbehrungen zu verantworten, die seine Angehörigen, Pfleger und Mitbürger für ihn aufbringen müssen. Nicht Schicksal, Sitte und selbstverständliche Solidarität sind es mehr, die ihnen dieses Opfer abverlangen, sondern der Pflegebedürftige selbst ist es, der sie ihnen auferlegt, da er sie ja leicht davon befreien könnte. Er läßt andere dafür zahlen, daß er zu egoistisch und zu feige ist, den Platz zu räumen. – Wer möchte unter solchen Umständen weiterleben? Aus dem Recht zum Selbstmord wird so unvermeidlich eine Pflicht. Schon Stoiker haben, so berichtet Diogenes Laertius, diese Konsequenz gezogen und so noch eine moralische Prämie auf den Selbstmord gesetzt. Wer freiwillig aus dem Leben scheidet, kann das in dem Bewußtsein tun, dem Vaterland oder den Freunden gegenüber seine Pflicht zu erfüllen.

Hinter dieser Sicht steht das Ideal des stoischen Weisen, der sich als reines Vernunftsubjekt begreift, frei von individuellen menschlichen Regungen, frei von Furcht und Hoffnung, von Liebe, Mitleid und Haß. Nicht von ungefähr berichtet Diogenes Laertius unmittelbar anschließend an die Selbstmordpassage, daß unter den stoischen Weisen Promiskuität herrsche, daß Eifersucht in Liebessachen unbekannt sei und daß die Weisen allen Kindern als ihren eigenen zugetan sind. Nähe und Ferne existieren für sie nicht, weil diese Kategorien dem Menschen als endlichem Lebewesen zugehören. Selbstmord ist für den Weisen immer dann angeraten, wenn seine reine Vernunftautonomie durch biologische Beeinträchtigungen gefährdet ist.

Die Stoiker wußten allerdings selbst nicht, ob es den Weisen in diesem Sinne überhaupt gibt. Er ist ein „Ideal". Allerdings ein Ideal, dem man sich nicht schrittweise nähern kann. Denn die Weisheit, die alle Tugenden in sich schließt, hat man entweder ganz oder gar nicht. Augustinus hat auf die Unmenschlichkeit dieses Ideals hingewiesen. Der Weise „freut sich nicht mit den Fröhlichen und weint nicht mit den Weinenden". Und er verzichtet auch auf den Wunsch oder die Erwartung, daß jemand mit ihm weint. Wenn etwas geeignet ist, dem Leidenden sein Leben als lebensunwert erscheinen zu lassen, dann ist es die Entsolidarisierung der Gesellschaft durch moralische Rehabilitierung des Selbstmords und durch Legalisierung der Tötung auf Verlangen, also durch den stillen Hinweis: „Bitte, da ist der Ausgang."

Die Einstiegsdroge

Im übrigen ist die Tötung auf Verlangen nur die Einstiegsdroge für die Enttabuisierung der Tötung „lebensunwerten Lebens" – auch ohne Zustimmung. „Wissen Sie", sagt der alte Father Smith in Walker Percys „Thanatossyndrom", „wohin Sentimentalität führt? ... In die Gaskammer. Sentimentalität ist die erste Maske des Mörders." Im Gefolge der Prozesse gegen die Euthanasieärzte des Dritten Reiches schrieb der amerikanische Arzt Leo Alexander 1949, „daß allen, die mit der Frage nach dem Ursprung dieser Verbrechen zu tun hatten, klar wurde, daß diese Verbrechen aus kleinen Anfängen wuchsen. Am Anfang standen zunächst feine Akzentverschiebungen in der Grundhaltung. Es begann mit der Auffassung, die in der Euthanasiebewegung grundlegend ist, daß es Zustände gibt, die als nicht mehr lebenswert zu betrachten sind. In ihrem Frühstadium betraf diese Haltung nur die schwer und chronisch Kranken. Nach und nach wurde der Bereich jener, die unter diese Kategorie fallen, erweitert und auch die sozial Unproduktiven, die ideologisch Unerwünschten, die rassisch Unerwünschten dazugerechnet. Entscheidend ist jedoch zu erkennen, daß die Haltung gegenüber den unheilbar Kranken der winzige Auslöser war, der diesen totalen Gesinnungswandel zur Folge hatte". Daß es sich hier nicht um ein historisch zufälliges Zusammentreffen, sondern um einen gesetzmäßigen Zusammenhang handelt, zeigt das Beispiel der Niederlande, in denen inzwischen bereits ein Drittel der jährlich legal Getöteten – es handelt sich um Tausende – nicht mehr auf eigenes Verlangen getötet wird, sondern auf das Urteil von Angehörigen und Ärzten hin, die darüber befinden, daß es sich hier um lebensunwertes Leben handelt. Das Erschreckenste ist, daß angesichts dieser Tatsache nicht ein Schrei des Entsetzens durch die ganze zivilisierte Welt geht. C. S. Lewis trog sein Blick nicht, als er 1943 in „The Abolition of man" schrieb: „Der Prozeß, der, falls man ihm nicht Einhalt gebietet, den Menschen zerstören wird, spielt sich unter Kommunisten und Demokraten ebenso augenfällig ab wie unter Faschisten. Die Methoden mögen sich zunächst in der Brutalität unterscheiden. Aber manch ein sanftäugiger Naturgelehrter mit Zwicker, manch ein erfolgreicher Dramatiker, manch ein Amateurphilosoph in unserer Mitte verfolgt auf die Länge genau dasselbe Ziel wie die herrschenden Nazis in Deutschland." Daß sich die Katastrophe ausgerechnet in Holland, also in einem Land ereignet, das dem Nationalsozialismus so eindrucksvoll Widerstand geleistet hat, und daß Peter Singer ein Nachfahre von Opfern des Mordes ist, dessen Methode an Debilen zuerst erprobt wurde, ist tragisch, aber nicht von ungefähr. Die Gewißheit, ohnehin auf der guten Seite zu stehen, kann leicht blind machen für die eigene Versuchbarkeit.

Der Übergang von der Tötung auf Verlangen zur Tötung ohne Verlangen ist im übrigen von der gleichen Konsequenz wie der Übergang von der gesellschaftlichen Akzeptanz des Selbstmords zur Legalisierung der Tötung auf Verlangen. Die Tötung auf Verlangen wird mit dem unveräußerlichen Recht auf Selbstbestimmung begründet. Aber wäre das ernst gemeint, so müßte jeder Todeswunsch eines erwachsenen, zurechnungsfähigen und informierten Menschen erfüllt werden. Das verlangt aber tatsächlich niemand. Immer wird die Einschränkung gemacht, aktive Sterbehilfe dürfe nur gewährt werden, wenn die Gründe für den Todeswunsch „rational" seien, rational, d. h. nachvollziebar von denjenigen, die diese Hilfe leisten sollen. Und als nachvollziehbar gilt für viele ausschließlich der Grund unheilbarer Krankheit. Eine solche Einschränkung hat nun aber mit dem Prinzip der Selbstbestimmung nichts zu tun, ja sie widerspricht ihr sogar. Warum sollte nicht jeder Mensch das Recht haben, die Kriterien für die Bewertung seines Lebens selbst zu bestimmen? Warum sollte der „Bilanzselbstmord" benachteiligt werden? Warum der Selbstmord aus Liebeskummer? Man sagt, ein solcher Selbstmordkandidat sei später froh, wenn er an der Ausführung an der Tat gehindert wurde. Aber wenn man ihm zum Zeitpunkt seiner Verzweiflung eben dies vor Augen stellt und er antwortet: „Ich weiß, daß die Zeit die Bewertung des eigenen Lebens ändert und auch bei mir ändern würde. Aber eben diese Abhängigkeit von der Zeit verabscheue ich. Ich will als der sterben, der ich jetzt bin", – was will man ihm entgegnen? Er argumentiert wie manche Frauen, die das Angebot späterer Adoption ihres Kindes als Alternative zur Abtreibung ablehnen. Ihr Argument ist, daß sie bereits jetzt wissen, daß sie später an dem Kind hängen und es nicht zur Adoption hergeben werden. Und eben diese Liebe zu ihrem Kind wollen sie erst gar nicht entstehen lassen. Wer einmal grundsätzlich die Selbstbestimmung über die Möglichkeitsbedingung der Selbstbestimmung, also über das Leben stellt, wie kann der jemandem vorschreiben wollen, wie er das Verhältnis seines Lebens zur Zeit zu verstehen hat? Ist das nicht der Rückfall in einen illiberalen Parternalismus? Und wer will entscheiden, ob es irrational ist, die Glückssumme des Lebens *prinzipiell* für negativ zu halten und sich deshalb umzubringen? Wenn wir nicht davon ausgehen, daß Selbstmord *immer* irrational ist, wird jedes differenzierende Rationalitätskriterium zu einer unbegründbaren Bevormundung. Wenn es letzten Endes nicht auf die Selbstbestimmung als solche, sondern auf die Rationalität des Todeswunsches ankommt, und wenn Dritte über diese Rationalität entscheiden dürfen, dann können diese Dritten auch im Falle der Unfähigkeit des Todeskandidaten zur Selbstbestimmung in stellvertretender Wahrnehmung seines „wohlverstandenen Interesses" über sein Leben entscheiden. Der Übergang von der Tötung auf Verlangen zur Tötung ohne Verlangen ist damit geschaffen, und Gott gnade uns, wenn wir den Verstand verlieren oder zu schwach werden, uns zu wehren!

Die Entsolidarisierung

Die Forderung ungestraft töten zu dürfen, wird paradoxerweise mit zwei einander entgegengesetzten Argumenten begründet. Einmal damit, daß Menschen Personen und deshalb Subjekte unbedingter Selbstbestimmung sind, das andere Mal damit, daß bestimmte Menschen *nicht* Personen sind, keine Menschenwürde besitzen und es deshalb über sich ergehen lassen müssen, in ihrem eigenen Interesse oder im Interesse anderer getötet zu werden. Ja, auch im Interesse anderer. Peter Singer plädiert dafür, „mißratene" Säuglinge beiseite zu räumen, um für besser geratene Platz zu schaffen, also für solche, die eine größere Kapazität haben, sich ihres Lebens zu freuen. Das nämlich optimiert den Zustand der Welt und allein darauf kommt es an. Personsein heißt in diesem Verständnis nicht, „jemand" sein, der seiner Natur nach dazu angelegt ist, sich zeitweise in bestimmten personspezifischen Zuständen zu befinden, also in Zuständen des Selbstbewußtseins, der Erinnerung und eines bewußten Interesses am eigenen Leben, sondern Personsein besteht nur in der Aktualisierung dieser Zustände. Babies sind danach keine Personen, Debile sind es nicht und Schlafende sind es auch nicht. Diese Sicht geht übrigens auf John Locke zurück. Aber schon Leibniz, Kant und Thomas Reid haben auf den Widerspruch hingewiesen, in dem sich diese Sicht zu unseren fundamentalen Intuitionen und zu unserem Sprachgebrauch befindet. Jeder von uns sagt: „Ich wurde dann und dann geboren", obgleich er das nach jener

Ansicht nicht sagen dürfte, weil der, der damals geboren wurde, zwar ein Mensch, aber nicht die Person war, die jetzt spricht, ja überhaupt keine Person, weil er nämlich damals nicht „ich" sagte. Aber niemand von uns hätte gelernt, „ich" zu sagen, wenn seine Mutter zu ihm nicht wie zu einer Person gesprochen und ihn nicht wie eine Person behandelt hätte. Entweder sind Menschen immer Personen oder sie werden es nie.

Aber auch wenn Menschen ihr Personsein ausdrücken und „ich" sagen können, sind sie nicht das, wofür die liberalen Individualisten sie halten: Wesen, die einsam, in souveräner Autonomie über ihr Leben und ihren Tod entscheiden und dabei auf professionelle Exekution dieser Entscheidung Anspruch erheben können. Personen existieren nur in der Mehrzahl, d. h. nur als Mitglieder einer universalen Personengemeinschaft. Was diese Gemeinschaft wesentlich konstituiert, ist die gegenseitige, vorbehaltlose und an keine Vorbedingung geknüpfte Bejahung der Existenz eines jeden anderen bis zu deren natürlichem Ende, ja die Mitverantwortung für diese Existenz. In der Geschichte von Kain und Abel fragt Gott den Brudermörder: „Wo ist Dein Bruder?" Und Kain antwortet: „Bin ich denn der Hüter meines Bruders?" Die Entsolidarisierung, die in dieser Antwort liegt, wird in dieser Geschichte als die Gesinnung des Mörders geschildert. Die Frage Gottes beschränkt sich nicht auf die Forderung, den Bruder am Leben zu lassen, sondern sie enthält die weitergehende Pflicht, zu wissen, wo er ist. Die Frage appelliert an die fundamentale Solidarität, welche alle Menschen miteinander verbindet. Diese Sicht ist nicht schon deshalb in einer säkularen Gesellschaft irrelevant, weil sie in der Bibel steht. Eine säkulare Gesellschaft wird barbarisch, wenn sie auf alle Weisheitstradition der Menschheit verzichtet. Auch das Sterben ist noch ein Vorgang, der, wenngleich von der Natur verhängt, eingebettet ist in Riten menschlicher Solidarität. Wer sich eigenmächtig aus dieser Gemeinschaft entfernen will, muß das allein tun. Anderen – und gar Ärzten, deren Ethos sich definiert durch den Dienst am Leben – zumuten, bei dieser eigenmächtigen Entfernung behilflich zu sein, heißt, dieses Fundament aller Solidarität zu zerstören. Es heißt, dem anderen zumuten zu sagen: „Du sollst nicht mehr sein." Diese Zumutung ist eine Ungeheuerlichkeit. Die damit verbundene Zerstörung des Ethos muß sich unvermeidlich in Kürze gegen die Leidenden selbst kehren. Wir wissen heute, daß der Suizidwunsch in der weitaus größten Zahl der Fälle nicht die Folge körperlicher Beschwerden und extremer Schmerzen ist, sondern der Ausdruck einer Situation des Sich-verlassen-Fühlens. (Eine Studie in den Niederlanden weist 10 von 187 Fällen aus, wo Schmerzen der einzige Grund für den Euthanasiewunsch waren; in weniger als der Hälfte spielten Schmerzen überhaupt eine Rolle.) Die Palliativmedizin hat inzwischen solche Fortschritte gemacht, daß in jedem Stadium der Krankheit die Schmerzen fast immer kontrollierbar sind und nicht die Unerträglichkeitsgrenze erreichen. Intensive Zuwendung verändert dann auch meistens den Suizidwunsch. Das Bewußtsein, daß jemandem daran liegt, daß ich noch da bin. Der Arzt repräsentiert dem Patienten gegenüber die Bejahung seiner Existenz durch die Solidargemeinschaft der Lebenden, auch wenn er ihn nicht zum Leben zwingt. Gerade in Situationen seelischer Labilität ist das Bewußtsein katastrophal, der Arzt oder auch der Psychiater könnten auf meinen Wunsch spekulieren, mich aus dem Weg räumen zu lassen und insgeheim darauf warten, diesen Wunsch exekutieren zu können. Katastrophal ist schon der Gedanke, ich könne ihn überhaupt dazu bringen zu finden, ich solle nicht mehr sein.

Die Fiktion der souveränen Willensentscheidung ausgerechnet in der Situation extremer Schwäche ist zynisch, vor allem im Hinblick auf die ohnehin im Leben Benachteiligten, wie Arme, Einsame und auch Frauen. Es sind nämlich mehr ältere Frauen arm, verwitwet, chronisch krank und weniger gut versichert als ältere Männer. Das Angebot des assistierten Selbstmords wäre der infamste Ausweg, den die Gesellschaft sich ausdenken kann, um sich der Solidarität mit den Schwächsten zu entziehen – und der billigste. Der billigste Ausweg aber ist der, der in unserer durchökonomisierten Zivilisation mit Sicherheit am Ende gewählt wird, wenn er nicht durch Gesetz und Sitte so fest verriegelt bleibt, daß diejenigen, die seine Öffnung fordern, vollständig entmutigt werden. Die Erfahrung, die unser Land vor einem halben Jahrhundert mit diesem Ausweg gemacht hat, legitimiert und verpflichtet uns zu besonderer Entschiedenheit. Es gibt, wie schon Platon wußte, immer Grenzfälle, für die das Gesetz nicht gemacht ist und denen es nicht gerecht werden kann. Moraltheologen und Moralphilosophen stürzen sich heute mit einem verdächtigen Interesse auf solche Grenzfälle und konstruieren von ihnen ausgehend Forderungen für die Formulierung der Gesetze. Ausnahmen sollen nicht mehr als Bestätigung der Regel gelten, sondern die Regel aushebeln. So auch in diesem Fall. Aber wer wirklich einem Freund in einer Extremsituation auf eine Weise helfen möchte, die vom Gesetz nicht gedeckt ist, ohne damit die Schutzfunktion des Gesetzes zu zerstören, der wird bereit sein, für seinen Freundschaftsdienst die vom Gesetz vorgesehene Strafe auf sich zu nehmen, falls der Richter nicht in der Lage ist, seiner besonderen Situation Rechnung zu tragen. Er wird in dem Bewußtsein handeln, mit der Intention von Gesetz und Sitte im Tiefsten im Einklang zu stehen, und als Ausnahme die Regel zu bestätigen.

Das heißt übrigens nicht, daß das deutsche Gesetz bleiben kann, wie es ist. Es muß geändert werden. Die direkte aktive Sterbehilfe, „Tötung auf Verlangen" steht in Deutschland zwar – wie in fast allen Ländern der Welt – unter Strafe und so wird es wohl fürs erste auch bleiben. Was das deutsche Gesetz für die Euthanasiebefürworter überall in der Welt attraktiv macht, ist, die Tatsache daß es die *Beihilfe* zum Selbstmord nicht bestraft. Das war bisher ohne große Bedeutung, obgleich es in einem seltsamen Widerspruch zur Strafbestimmung für unterlassene Hilfeleistung steht. So ist es erlaubt, einem Menschen Gift zu geben, mit dem er sich umbringen kann. Hat er es aber genommen, und ist er inzwischen ohnmächtig, dann ist jeder Angehörige oder Arzt, also auch der, der ihm das Mittel gab, verpflichtet, für das Auspumpen seines Magens zu sorgen. Das ist offenbar nicht vernünftig.

Solange Selbstmord eine tolerierte, aber gesellschaftlich geächtete Handlung ist, bleibt das Problem der Beihilfe marginal. Im Zusammenhang mit der Euthanasiebewegung wird die deutsche Rechtsbestimmung jedoch zu einer gefährlichen Einbruchsstelle. Schon hat das Europäische Patentamt ein Selbstmordpräparat patentiert. Über den Einspruch dagegen wird wohl der Europäische Gerichtshof zu entscheiden haben. Daß Firmen an der Gesundheitsfürsorge verdienen, ist in Ordnung. Daß sie aus der Beihilfe zur Tötung kranker oder depressiver Menschen ein Geschäft machen, ist sittenwidrig.

Leben verlängern um jeden Preis?

Unter den objektiven Gründen für die Renaissance des Euthanasiegedankens nannte ich die neuen Praktiken der Lebensverlängerung und die Explosion der Kosten des Gesundheitswesens. Der Widerstand gegen die Euthanasieversuchung kann seine Entschiedenheit nur rechtfertigen und durchhalten, wenn er diesen objektiven Faktoren Rechnung trägt und auf sie eine alternative Antwort gibt. Es ist ja wahr, daß das Sterben in unserem Land seit langem menschenunwürdig geworden ist. Es findet immer häufiger in Kliniken statt, also in Häusern, die eigentlich nicht fürs

Sterben, sondern fürs Geheiltwerden da sind. In der Klinik wird naturgemäß ständig gegen den Tod gekämpft. Der Kampf endet zwar bei jedem Menschen schließlich mit Kapitulation, aber die Kapitulation geschieht oft viel zu spät. Nachdem kranke oder alte Menschen auf alle Art zum Leben gezwungen wurden, bleibt ihnen keine Zeit und kein angemessener Raum mehr, „das Zeitliche zu segnen". Das Sterben degeneriert zum bloßen Verenden. Die Sterberituale verkümmern. Angehörige verdrücken sich, wenn es ernst wird. Die Folge all dessen ist, daß immer mehr Menschen sterben müssen, die in ihrem Leben niemals einen Sterbenden gesehen haben. Das ist ein ganz unnatürlicher Zustand, und er fördert natürlich die stumme Angst vor dem Tod. Die „aktive Sterbehilfe" ist die Kehrseite jenes Aktivismus, der bis zum letzten Augenblick etwas „machen" muß. Wenn man das Leben nicht mehr machen kann, muß der Tod gemacht werden. Die Patienten, die im Herbst 1996 beim Obersten Bundesgericht der USA gegen den Staat New York auf Genehmigung der Euthanasie klagten, waren überhaupt nur noch am Leben, weil sie mit eigener Zustimmung apparativen Maßnahmen der Lebensverlängerung ausgesetzt waren. Immer häufiger hat das Leben schon mit dem Machen eines Menschen in der Retorte angefangen. Beides ist nicht zu rechtfertigen. Wenn Menschen nicht von Natur entstünden und von Natur stürben, hätten wir nämlich nie einen hinreichenden Rechtfertigungsgrund, das Leben oder den Tod eines Menschen herbeizuführen. All unsere Rechtfertigungsgründe setzen schließlich das Leben immer schon voraus. Die Medizin kann nicht mehr dem Prinzip folgen, jederzeit jedes menschliche Leben solange zu erhalten, wie das technisch möglich ist. Sie kann es nicht aus Gründen der Menschenwürde, zu der auch das menschenwürdige Sterbenlassen gehört. Sie kann es auch nicht aus ökonomischen Gründen. Der Wert jedes menschlichen Lebens ist zwar inkommensurabel. Daher das unbedingte Tötungsverbot. Es gibt aber in moralischer Hinsicht einen Unterschied zwischen Handlungsgeboten und Unterlassungsgeboten. Nur Unterlassungsgebote können unbedingt sein, Handlungsgebote nie. Handlungsgebote unterliegen immer einer Abwägung der Gesamtsituation, und dazu gehören auch die zur Verfügung stehenden Mittel. Sie sind nicht beliebig vermehrbar. Bei ihrer Verteilung müssen wir also das an sich selbst inkommensurable Leben des Menschen durch sekundäre Kriterien vergleichbar machen. Bei der Knappheit von Spenderorganen ist das evident. Aber es muß auch gelten für operativen und apparativen Aufwand. Ist es sinnvoll, daß der finanzielle Aufwand für die Gesundheit der Menschen in ihrem letzten Lebensjahr so unverhältnismäßig groß ist? Für den Pflegeaufwand leuchtet das ein. Aber auch für den medizinischen Aufwand? Muß eine 88jährige, die eine Hirnblutung bekommen hat und ohnmächtig ist, zwei Tage vor ihrem Tod eine aufwendige Hirnoperation über sich ergehen lassen? Und muß die Solidargemeinschaft der Versicherten damit belastet werden? Das ärztliche Berufsethos muß angesichts der ständig wachsenden Möglichkeiten der Medizin Kriterien der Normalität entwickeln, Kriterien für das, was wir jedem Menschen und gerade den kranken und alten, an Zuwendung, an Pflege, an medizinischer Grundversorgung schulden und was statt dessen abhängig gemacht werden muß von Alter, Heilungsaussicht und persönlichen Umständen. Wer jeden Verzicht auf den Einsatz der äußersten Mittel als Tötung durch Unterlassen brandmarkt, der bereitet – und zwar oft absichtlich – den Weg für das aktive Umbringen. Die Hospizbewegung, nicht die Euthanasiebewegung ist die menschenwürdige Antwort auf unsere Situation. Wo Sterben nicht als Teil des Lebens verstanden und kultiviert wird, da beginnt die Zivilisation des Todes.

Euthanasie und Suizidbeihilfe
Das Beispiel der Niederlande und die Ethik des Sterbens

von Thomas Fuchs

Vorbemerkungen

Euthanasie, der „gute Tod", ist in den letzten zwei Jahrzehnten in den Brennpunkt öffentlicher Diskussion gerückt. Immer lauter wird die Forderung erhoben, den eigenen Todeszeitpunkt mit ärztlicher Hilfe selbst wählen zu können. Besonders die fortschreitende Liberalisierung der Sterbehilfe in den Niederlanden wirkt über die Grenzen des Landes hinaus, je nachdem als leuchtendes oder aber warnendes Beispiel einer neuen Haltung der Medizin zum Ende des Lebens.

Francis Bacon war es, der 1605 den Begriff der Euthanasie zum ersten Mal für die Forderung nach ärztlicher Sterbehilfe gebrauchte, derselbe Bacon, der das moderne Wissenschaftsideal formulierte und die Verlängerung des menschlichen Lebens als vornehmliches Ziel der Medizin verkündete. Lebensverlängerung und Euthanasie waren gewissermaßen immer zwei Seiten einer Medaille, nämlich des neuzeitlichen Projekts der Naturbeherrschung, der Autonomie und Selbstermächtigung des Menschen. Denn dieses Projekt hatte gerade die Beherrschung seiner eigenen leiblichen Natur zum vornehmlichen Gegenstand. – Seither ist die Forderung nach Euthanasie immer wieder laut geworden, und zwar umso mehr, als die technischen Möglichkeiten der Lebensverlängerung tatsächlich in ungeahntem Ausmaß zunahmen. Denn zugleich zeigte sich, daß dieser Fortschritt zwar das Leben, aber nicht unbedingt auch das gute Leben verlängerte; daß der Medizin zwar außerordentliche technische Möglichkeiten zur Verfügung standen, jedoch kein Maß für ihren sinnvollen Einsatz; und daß es ohne ein solches Maß immer häufiger ein langsames und vielfach qualvolleres Sterben war, das die Medizin für die Menschen in ihrem letzten Lebensabschnitt bereithielt.

Die Forderung nach Selbstbestimmung über den eigenen Todeszeitpunkt beruht sicher zu einem wesentlichen Teil auf dieser Entwicklung. Und zwar nicht nur in dem vordergründigeren Sinn, daß die Angst, in die Mühlen medizinischer Diagnostik und Intensivtherapie zu geraten und dabei Schritt für Schritt entmündigt zu werden, zu einem „Ohne mich!" und einer „Flucht nach vorne" in den vorzeitigen Tod führt; sondern auch im Sinn einer kollektivpsychologischen Reaktion auf das Scheitern des Baconschen Ideals. Jetzt, da sich gezeigt hat, daß wir unsere körperliche Natur nicht bezwingen und sie daran hindern können, uns Leiden zuzufügen; ja daß wir gerade durch diesen Versuch unser Leiden vielfach noch vermehren: In dieser Situation bleibt nur die Resignation – oder aber der trotzige Ausweg, sich dieser Natur und diesem Leben zu verweigern, wo es mehr Leid als Lust für uns bereithält. Für den Individualismus des ausgehenden 20. Jahrhunderts gilt der Skandal eines passiven, hilflosen Sterbenmüssens nicht mehr als tolerabel. Die Autonomie des rationalen Individuums fordert die Wahl des eigenen Todeszeitpunktes – lieber dem Tod durch die Tötung oder Selbsttötung zuvorkommen, als sich von ihm überwältigen zu lassen.

Die gegenwärtige öffentliche Diskussion in der westlichen Welt ist der Ausdruck dieser Entwicklung. Meinungsumfragen in zahlreichen Ländern ergaben, daß der Anteil der Befürworter freiwilliger Euthanasie in den letzten 30 Jahren von ca. 50 auf 75% gestiegen ist. In den Medien wurde das Recht auf einen menschenwürdigen Tod propagiert, und Euthanasiegesellschaften in den USA, England und der Bundesrepublik gewannen zunehmend an Einfluß. Vor allem in den Niederlanden, einem Staat mit seit jeher liberaler Kultur, errang die Euthanasiebewegung 1994 mit der Freigabe ärztlicher Euthanasie unter bestimmten Umständen ihren ersten großen Erfolg. 1995 wurde im australischen Nordterritorium die ärztliche Beihilfe zum Suizid legalisiert und in der Folgezeit auch durchgeführt; unser Titelbild zeigt das dabei verwendete computerisierte Selbsttötungssystem.[1] In zahlreichen amerikanischen Bundesstaaten sind Bestrebungen zur Legalisierung des *physician assisted death"* im Gange; eine in Oregon durch Volksentscheid angenommene Gesetzesänderung, der *"Death Dignity Act"* von 1994, ist derzeit suspendiert und harrt noch der endgültigen Entscheidung.

In der Bundesrepublik ist – aufgrund der historischen Belastung durch die nationalsozialistischen sogenannten „Euthanasiemaßnahmen" mit Verspätung – inzwischen ebenfalls eine Diskussion darüber entbrannt, ob das Verbot ärztlicher Tötung bzw. Suizidbeihilfe aufgehoben oder zumindest gelockert werden soll. Auch der deutsche Ärztetag sah sich zu zwei Stellungnahmen gegen Euthanasiebestrebungen veranlaßt; die Bundesärztekammer arbeitet an neuen Richtlinien zur Sterbehilfe.[2] – In dieser Situation erscheint es hilfreich und wichtig, die Entwicklung in den Niederlanden besonders aufmerksam zu verfolgen – einem Staat, der uns nicht nur benachbart ist, sondern auch gesellschaftlich und kulturell nahe steht, auch wenn es um das

---

[1] Inzwischen wurde das Gesetz vom australischen Bundesparlament allerdings für verfassungswidrig erklärt; die weitere Entwicklung ist derzeit noch nicht abzusehen.

[2] 98. Deutscher Ärztetag (1995): Erklärung zur aktiven Sterbehilfe. Dt. Ärzteblatt 92, B-1243-1244; 99. Deutscher Ärztetag (1996): Erklärung zur Euthanasie. Münchner Ärztl. Anzeigen 30, 13. Den Text beider Erklärungen vgl. im Anhang zu diesem Buch.

gemeinsame Verhältnis nicht immer zum Besten bestellt war. Vor diesem Hintergrund können wir uns dann den wesentlichen Überlegungen und Argumentationen zuwenden, die in der Debatte eine Rolle spielen.

Definitionen

Zunächst sind jedoch einige sprachliche Vorklärungen erforderlich. In Deutschland sprechen wir bei den verschiedenen Formen von Lebensverkürzung oder unterlassener Lebensverlängerung aus historischen Gründen meist von „Sterbehilfe", um den durch die nationalsozialistischen Ermordungen von Behinderten und Geisteskranken lange verfemten Begriff der Euthanasie zu vermeiden. Im Ausland ist dieser Begriff aber völlig üblich und unbelastet; schon aus diesem Grund sollten wir ihn im ursprünglich neutralen, jedenfalls nicht mit „Mord" oder verwerflichen Motiven assoziierten Sinn wieder verwenden. Es ist überdies die Frage, ob die Tötung auf Verlangen mit dem Begriff der „Sterbehilfe" nicht ohnehin zu euphemistisch benannt ist. Auch „Euthanasie" bedeutet zwar eigentlich nur der „gute Tod", doch hat er als Fachterminus längst die Bedeutung von „ärztlichen Maßnahmen der Lebensverkürzung zur Leidensminderung" angenommen. Wir werden im folgenden beide Begriffe synonym verwenden.

Nun sind allerdings weitere Unterscheidungen üblich, die hier noch einmal kurz zusammengefaßt werden sollen:
– *Aktive* Euthanasie ist die Tötung auf Verlangen, also die gezielte Herbeiführung des Todes durch eine dem Körper fremde Substanz wie z.B. das Herzgift Kaliumchlorid, das in den Niederlanden häufig Anwendung findet, durch sehr hohe Dosen von Morphium, die sich atemlähmend auswirken, oder ähnliche Stoffe. Die Tötung auf Verlangen ist strafbar nach § 216 StGB.

– *Passive* Euthanasie ist der Verzicht auf oder der Abbruch von lebensverlängernden Maßnahmen, wodurch der Arzt den Tod geschehen läßt. Dazu gehört das bekannte „Abschalten" des vorher angelegten Beatmungsgeräts oder die Entscheidung, eine Lungenentzündung nicht mehr mit Antibiotika zu behandeln, keine kreislaufstabilisierenden Mittel oder Bluttransfusionen mehr zu geben usw., so daß der Patient im weiteren Verlauf an den Folgen seiner Erkrankung stirbt. Passive Euthanasie ist demnach keine Lebens-*verkürzung*.

– *Indirekte* Euthanasie hingegen bezeichnet in juristischer Terminologie das Inkaufnehmen eines *möglicherweise* früheren Todeseintritts bei der Behandlung schwerer Schmerz- und Leidenszustände mit Schmerzmitteln, die ja nicht nur eine analgetische, sondern in höheren Dosen auch eine atemlähmende Wirkung haben. Wie die passive Sterbehilfe ist auch die indirekte rechtlich zulässig (zur Abgrenzung von der aktiven Euthanasie vgl. Abschnitt „Sterbenkönnen", pp. 91 ff.).

– *Freiwillige* Euthanasie entspricht der Tötung auf Verlangen; *nicht-freiwillige* Euthanasie hingegen ist die Tötung eines in der Regel bewußtlosen oder nicht mehr rational kommunikationsfähigen Patienten ohne sein ausdrückliches Verlangen.

– *Beihilfe zur Selbsttötung* oder assistierter Suizid ist die Hilfe bei der vom Patienten ausgeführten Selbsttötung durch Beschaffung eines tödlichen Mittels oder auch durch das Anlegen einer tödlichen Infusion, die der Patient dann selbst in Gang setzt. Da der Suizid nach unserer Rechtsordnung nicht strafbar ist, bleibt auch die Beihilfe als „tatbestandslose Handlung" straffrei. Vorausgesetzt ist allerdings (1), daß der Suizid sicher freiverantwortlich begangen wird, da sonst eine Bestrafung wegen unterlassener Hilfeleistung nach § 323c StGB droht; und (2), daß der Suizident bis zum Schluß Herr des Geschehens bleibt und die Beihilfe nicht in Tötung auf Verlangen übergeht. Auch das Anlegen einer Infusion durch den Arzt ginge nach juristischer Auffassung bereits in strafbare Mittäterschaft über (siehe dazu Abschnitt „Suizidbeihilfe – Alternative zur Euthanasie?", pp. 81 ff.).

Wenn über diese Definitionen im grundsätzlichen auch weitgehende Übereinstimmung herrscht, so ist doch die ethische Bedeutung des jeweils Ausgesagten und damit letztlich die Abgrenzung z. B. von aktiver und passiver bzw. indirekter Euthanasie durchaus umstritten. Wir werden darauf später zurückkommen. Zunächst jedoch wollen wir die Euthanasiepraxis in den Niederlande näher betrachten, die uns den anschaulichen Hintergrund für weitere ethische Überlegungen geben wird.

Das holländische Experiment

Die Entwicklung der Praxis und der gesetzlichen Regelung der Sterbehilfe in den Niederlanden kann als erstes gesamtgesellschaftliches Experiment für eine in bestimmten Grenzen freigegebene aktive Euthanasie betrachtet werden. Um so größer ist die Aufmerksamkeit, die das „Modell Holland" bei Euthanasiebefürwortern wie -gegnern weltweit erlangt hat. Da ein Schwerpunkt der Pro- und Contra-Argumentationen in der Debatte auf den möglichen sozialen Folgewirkungen einer Lockerung des Tötungsverbotes liegt, kommt besonders den in den Niederlanden erhobenen statistischen Daten besondere Bedeutung zu. Vorweg sei allerdings schon festgestellt, daß diese Untersuchungen nur die Perspektive der holländischen Ärzte einbezogen haben; sozialpsychologische Studien etwa über die Einstellungen von Patienten, Angehörigen und Pflegenden, wie sie bei einem so bedeutsamen Experiment eigentlich erforderlich wären, fehlen leider völlig. – Wir wollen zunächst kurz die politische Entwicklung der Euthanasie in Holland nachvollziehen, ehe wir uns den statistischen Daten zuwenden.

Die Entwicklung der Euthanasiebewegung

Seit den 70er Jahren hat sich in den Niederlanden das entwickelt, was man eine „Euthanasiebewegung" nennen könnte; weite Teile der Öffentlichkeit nahmen eine zunehmend liberale Haltung zur Tötung auf Verlangen ein. Dies hatte zur Folge, daß die eigentlich strafbaren ärztlichen Tötungshandlungen seit den 80er Jahren vor Gericht fast immer zu Freisprüchen führten. 1984 veröffentlichte die Niederländische Ärztegesellschaft offizielle Richtlinien für gewissenhaft durchgeführte Euthanasie (worunter in den Niederlanden nur die aktive Tötung auf Verlangen verstanden wird). Danach setzt die ärztliche Tötung strikte Freiwilligkeit, dauerhaftes Todesverlangen und einen unerträglichen, hoffnungslosen Leidenszustand des Patienten voraus. Auch die Gerichte orientierten sich bei ihren Freisprüchen an diesen Richtlinien, was zu einer Quasi-Straflosigkeit der Euthanasie führte.

Ende der 80er Jahre verstärkten sich die Bestrebungen, dieses Provisorium in eine gesetzliche Regelung zu verwandeln. Parteien und Regierung legten verschiedene Gesetzesentwürfe zur Legalisierung der Euthanasie vor. Schließlich wurde 1993 eine Änderung des Bestattungsgesetzes verabschiedet, nach der Euthanasie im Meldeverfahren nach Todesfällen als reguläre Maßnahme anzugeben war, wobei die bereits genannten Richtlinien einzuhalten waren (s. Schaukasten). Dieses Gesetz trat am 1. Juni 1994 in Kraft. Euthanasie bleibt danach zwar prinzipiell strafbar, bei Beachtung der Richtlinien kann der Arzt jedoch damit rechnen, daß in aller Regel keine Untersuchung durch den Staatsanwalt erfolgt. Damit wurde aktive Euthanasie erst-

mals in der westlichen Welt unter bestimmten Voraussetzungen für straffrei erklärt.

Voraussetzung für eine Euthanasiemaßnahme ist, daß

1) der Wunsch des Patienten nach vorzeitiger Lebensbeendigung wohlüberlegt, freiwillig und dauerhaft ist;
2) der Patient ein unerträgliches (nicht notwendig kör-
perliches) Leiden erduldet und keine Aussicht auf Besserung besteht;
3) keine anderen medizinischen Möglichkeiten bestehen,
die Situation des Patienten zu erleichtern;
4) der Patient über seine Situation vollständig aufgeklärt
ist;
5) ein unabhängiger Kollege die Diagnose und Prognose
des behandelnden Arztes bestätigt hat.

Richtlinien zur ärztlichen Durchführung der Euthanasie in den Niederlanden (nach Keown 1995).

Betrachtet man die Richtlinien näher, so zeigen sich zwei
kritische Punkte:

(1) Die Option der Euthanasie setzt weder eine körperliche noch eine zum Tode führende Krankheit voraus. Damit
rücken auch Leidenszustände in den Bereich des zulässigen
Tötungswunsches, die durch die seelische oder soziale
Situation des Patienten bedingt sind.

(2) Der Leidenszustand wird als „unerträglich" gefaßt,
also entsprechend dem Vorrang des Selbstbestimmungs-
rechts an das subjektive Erleben gebunden. Was als unerträglich empfunden wird, unterliegt aber sowohl vom einen
zum anderen Menschen als auch für ein und dieselbe Person im Zeitverlauf ganz erheblichen Schwankungen. Hier
tritt also die Problematik der Eingrenzung auf. Wer darf

sich töten lassen – auch der Trauernde, der seinen Ehepartner verloren hat? Der Amputierte oder körperlich Entstellte, der so nicht mehr weiterleben will?

Diese Fragen werden uns später noch beschäftigen. Betrachten wir aber zunächst die statistischen Untersuchungen.

Der Remmelink-Report

Wesentlichen Einfluß auf den Gesetzesbeschluß hatte das Ergebnis einer von der Regierung eingesetzten Kommission unter Vorsitz von Professor Remmelink, welche die holländische Euthanasiepraxis durch eine landesweite Erhebung im Jahr 1990 erstmals statistisch dokumentierte. Dieser 1991 veröffentlichte sogenannte Remmelink-Report ist seither die Grundlage der internationalen ethischen Diskussion über die holländischen Euthanasie.[3] Es handelt sich um einen Komplex aus mehreren Studien, die vor allem auf Interviews mit 405 Ärzten verschiedener Fachdisziplinen und einer Nachuntersuchung von 7000 Todesfällen mittels anonymer Fragebögen basierten. Die Studie dokumentierte umfassend die noch vor der Legalisierung am Lebensende getroffenen Maßnahmen; sie wurden unterteilt in (a) aktive Euthanasie, (b) Beihilfe zum Suizid, (c) Schmerzlinderung mit Folge der Lebensverkürzung und (d) Verzicht auf oder Abbruch von Behandlung mit lebensverkürzender Wirkung. Inzwischen liegen auch die Ergebnisse einer Wiederholungsstudie für das Jahr 1995, also vier Jahre nach Einführung des neuen Gesetzes vor.[4]

Hauptergebnis der Studie war zunächst die gesamte Häufigkeit dieser Entscheidungen, die in 38% aller jährlichen

---

[3] Veröffentlicht im Überblick bei van der Maas et al. (1991), van der Wal et al. (1992); die ausführliche Fassung findet sich in van der Maas et al. (1992).

[4] Vgl. van der Maas et al. (1996), van der Wal et al. (1996).

Todesfälle (129 000) gefällt wurden. Zieht man von diesen die plötzlichen Todesfälle ab, so ergibt sich sogar ein Anteil von 54%, in denen eine ärztliche Entscheidung mit der Folge des Todes des Patienten getroffen wurde. Im einzelnen fand sich, daß in 1,8% oder 2300 Fällen pro Jahr eine Tötung auf Verlangen durchgeführt worden war; dazu kamen 400 Fälle von Suizidbeihilfe. Dieser eher geringe Anteil der Euthanasie hatte für die Niederländer den Charakter einer „Entwarnung" und trug in der Folge wesentlich zu einer Akzeptanz der Gesetzesänderung bei.

Als überraschendes und gravierendes Nebenergebnis stellte sich allerdings auch heraus, daß in 1000 Fällen die Tötung des Patienten *ohne* seine Einwilligung erfolgt war; dabei dürfte die Dunkelziffer trotz der zugesicherten Anonymität der Befragung noch deutlich höher liegen. Bislang war in der öffentlichen Diskussion immer nur die Tötung auf Verlangen thematisiert worden. Als höchst bedenklich erwiesen sich auch die näheren Umstände dieser nicht-freiwilligen Euthanasie-Maßnahmen. Durch die tödlichen Injektionen wurde nämlich das Leben der Betroffenen nach Einschätzung der Ärzte in 70% um bis zu eine Woche, in 21% um bis zu vier Wochen, in 8% aber um mehr als sechs Monate verkürzt. Nur in etwas mehr als der Hälfte der Fälle lagen dabei wenigstens Informationen über frühere Einstellungen der Patienten zur Euthanasie vor, bei den anderen hingegen nicht. 14% der Patienten waren sogar zum Zeitpunkt der Euthanasie bei Bewußtsein und voll urteilsfähig, weitere 11% wären wenigstens teilweise dazu in der Lage gewesen – sie wurden nur einfach nicht gefragt! Nur in 30% der Fälle gaben die Ärzte therapieresistente Schmerzen als Motiv für ihre Entscheidung an. Als Hauptgründe nannten sie Sinn- und Aussichtslosigkeit der Behandlung (60%), ferner schlechte Lebensqualität, therapieresistente Schmerzen und sogar die Unfähigkeit der Angehörigen, mit der Situation fertigzuwerden (jeweils ca. 30%). Von den Angehörigen ging auch in 41% der Wunsch nach vorzeitiger Lebensbeendigung aus.

Trotz dieser zweifellos problematischen Resultate sah das Komitee die 1000 Fälle von nichtfreiwilliger Euthanasie nicht als moralisch bedenklich an; die aktive Beendigung des Lebens nach „beginnendem Versagen der Vitalfunktionen" sei „unbestreitbar eine normale ärztliche Handlung".[5] Ärzte sollten das Recht haben, Entscheidungen im mutmaßlichen Interesse willensunfähiger Patienten zu treffen; „unsere Überzeugung ist, daß Ärzte verantwortlich moralisch-handelnde sind, nicht einfach Instrumente des Patientenwillens".

Daß gerade dies in einem noch ungleich größeren Ausmaß der Fall ist, als die offizielle Interpretation der erhobenen Daten vermuten läßt, hat der englische Medizinethiker John Keown in seiner Analyse des Remmelink-Reports gezeigt. Wir wollen sie anhand einer Tabelle nachvollziehen. Inzwischen können wir die Daten auch um die Angaben aus dem jüngsten Bericht für das Jahr 1995 ergänzen, wobei allerdings nicht alle Vergleichszahlen vorliegen.

Medizinische Entscheidungen am Lebensende, die den Tod des Patienten zur Folge hatten

	1990 Zahl*)	1990 %	1995 %
Freiwillige Euthanasie	2300	1,8%	2,4%
Beihilfe zum Suizid	400	0,3%	0,3%
Nicht-freiwillige Euthanasie	1000 *(1000)*	0,8%	0,7%
Schmerzbekämpfung mit ausdrücklicher Tötungsabsicht	1350 *(450)*	1,1%	1,4%
Schmerzbekämpfung mit teilweiser Tötungsabsicht	6750 *(5050)*	5,4%	—

---

5 Vgl. ten Have/Welie (1993).

	1990 Zahl*)	1990 %	1995 %
Behandlungsverzicht oder -abbruch mit ausdrücklicher Tötungsabsicht	5500 (4000)	3,1%	–
Behandlungsverzicht oder -abbruch mit teilweiser Tötungsabsicht	9050 (4750)	7,0%	–
Summe	26 350 (15 258)	20,4%	–

Tab. 1. Häufigkeit medizinischer Entscheidungen am Lebensende mit Todesfolge, in Prozent aller 129.000 Todesfälle im Jahr 1990 bzw. 1995 (van der Maas et al. 1991, 1996)
*) Die Zahlen in Klammern geben die Maßnahmen an, die ohne ausdrück- liches Verlangen des Patienten getroffen wurden

Betrachten wir die Zahlen für das Jahr 1990, so sind zu der offiziellen Zahl von 2300 jährlichen Euthanasiefällen (1,8%) zunächst 1000 (0,8%) nicht-freiwillige Tötungen zu rechnen. In weiteren 1350 Fällen (1,1%) erhielten Patienten Opiate, also Schmerzmittel mit dem *vorrangigen* Ziel der Lebensverkürzung; auch diese müssen zur aktiven Euthana- sie gezählt werden, da die gezielte Tötung ja keine Frage des eingesetzten Arzneimittels (Injektion eines Herzgiftes oder eines Opiats), sondern der tödlichen *Dosis* ist. So bewirkt z.B. auch Digitalis, ein bekanntes herzstärkendes Mittel, in hohen Dosen Herzstillstand und könnte somit zur Tötung verwendet werden. – Die Grauzone, die hier (ebenso wie in Deutschland) besteht, kommt in der Zeile „Schmerz- bekämpfung mit teilweiser Tötungsabsicht" zum Ausdruck: Hier war die Nebenwirkung der Lebensbeendigung bei Opiatdosen, die primär der Schmerzbekämpfung dienten, zumindest nicht unwillkommen.

Die aktiven Tötungen addieren sich somit jedenfalls zu 3,7% der jährlichen Todesfälle. Bis zum Jahr 1995 stieg diese Zahl, bedingt vor allem durch eine nicht unerhebliche Zunahme der Tötung auf Verlangen, auf nunmehr 4,5% (Zeilen 1, 3 und 4 der Tabelle). – Nicht unproblematisch sind aber auch die Entscheidungen zum Abbruch oder Verzicht auf eine lebensverlängernde Behandlung (insgesamt 14 500 oder 10,1% der jährlichen Todesfälle, Zeilen 6 und 7); denn diese Maßnahmen wurden in 60% von den Ärzten ohne Zustimmung des Patienten selbst, d.h. nach seinem mutmaßlichen Willen oder dem der Angehörigen getroffen. Das gleiche gilt für alle Entscheidungen mit der Folge einer Lebensverkürzung zusammengenommen, nämlich 26 000 oder über 20% der jährlichen Todesfälle: In etwa 60% wurden diese Entscheidungen von den Ärzten selbst ohne ausdrückliches Einverständnis des Patienten gefällt.[6]

Weiter problematisch erscheinen auch die näheren Umstände der Tötung auf Verlangen selbst: In fast der Hälfte der Fälle verging weniger als eine Woche von der ersten Äußerung des Todeswunsches bis zur Tötung, in 13% erfolgte sie sogar am Tag der ersten Bitte selbst, so daß die nach den Richtlinien erforderliche Beständigkeit des Todeswunsches kaum hinreichend geprüft werden konnte (Tab. 2).

Zeitspanne	%
< 1 Tag	13%
1 Tag – 1 Woche	35%
1 Woche – 1 Monat	30%
1–6 Monate	17%

Tab. 2. Zeitspanne zwischen erstem ausdrücklichem Sterbewunsch und Durchführung der Euthanasie (van der Wal et al. 1992)

---

[6] Vgl. Keown (1995).

Dazu kommt, daß drei Viertel der Ärzte keinen zweiten Kollegen zu Rate zogen, wie es die offiziellen Richtlinien erfordern, und 72% falsche Todesbescheinigungen ausfüllten, um einer Überprüfung zu entgehen. Als wichtigste Gründe dafür nannten sie die Last der rechtlichen Untersuchung (55%), Schutz der Angehörigen (52%) und Angst vor einer Anklage (25%).[7] Auch der jüngsten Untersuchung zufolge wurden trotz des nunmehr geregelten Verfahrens immer noch 60% der Fälle nicht gemeldet. Die Mehrheit der Ärzte umgeht also die Bedingungen zur Durchführung der Euthanasie, und dies obgleich im Verlauf der vergangenen fünf Jahre nur 120 von 6324 gemeldeten Fällen von der Staatsanwaltschaft untersucht, und nur 13 Ärzte angeklagt wurden.[8] Nicht-freiwillige Euthanasie schließlich wird so gut wie gar nicht gemeldet – 1990 in zwei, 1995 in drei Fällen; 48% der Ärzte, die sie ausgeführt hatten, vertraten zudem in der anonymen Befragung die Meinung, es habe sich um einen „natürlichen Tod" gehandelt.[9]

Alle diese Daten legen den Schluß nahe, daß die Kontrolle der Ärzte durch die Gesellschaft keineswegs hinreichend gewährleistet ist; und daß, wer heute in den Niederlanden auf den Tod zugeht, durch die Euthanasiefreigabe nicht unbedingt an Freiheit gewonnen hat, sondern im Gegenzug das Risiko einer wie immer wohlgemeinten Entmächtigung tragen muß. Die Euthanasiebewegung, ursprünglich ein Protest gegen das entfremdete Sterben und die Macht der Medizin, hat paradoxerweise die Macht der Ärzte über Leben und Tod ihrer Patienten ganz erheblich erweitert.

Bevor wir uns aber der eigentlichen ethischen Diskussion zuwenden, wollen wir noch einen Blick auf einige Begleitdaten wenden, die von Interesse sind.

---

[7] Van der Maas et al. (1992), pp. 48 f., 64.
[8] Van der Wal et al. (1996).
[9] Van der Maas et al. (1992), p. 65.

Die jährliche Anzahl von ausdrücklichen Wünschen nach Euthanasie oder Suizidbeihilfe lag 1990 bei 9000, 1995 bei 9700; davon wurde etwa einem Drittel stattgegeben. Euthanasie ist am häufigsten in den mittleren Altersgruppen der 50–64jährigen (24%) und der 65–79jährigen (38%); der Rest verteilt sich auf Patienten im Alter von unter 50 oder über 80 Jahren. Männer und Frauen sind im Verhältnis von 6 : 4 betroffen. Die Leidenszustände sind zu 68% (1995: 79%) durch Krebserkrankungen bedingt, in geringeren Anteilen auch durch Herz-, Lungen- oder neurologische Krankheiten (van der Maas et al. 1991). Die Euthanasie verkürzte die Lebenszeit der Patienten nach den Schätzungen der Ärzte in 70% um maximal einen Monat, in 8% um mehr als sechs Monate (van der Wal et al. 1992).

Besonders wichtig erscheinen auch die Motive der Patienten für ihren Wunsch nach Euthanasie, wie sie von den ausführenden Ärzten angegeben wurden.

angegebene Gründe	wichtigster Grund	einer der Gründe (Mehrfachnennungen möglich)
Sinnloses Leiden	29%	56%
Angst vor bzw. Vermeidung von Entwürdigung	24%	46%
Unerträgliches Leiden	18%	42%
Angst vor noch größerem Leiden	7%	26%
Angst vor Ersticken	7%	13%
Schmerzen	5%	35%
Lebensüberdruß	4%	14%
Nicht länger eine Belastung für Familie oder Umgebung sein wollen	2%	22%
Andere	3%	14%

Tab. 3. Von den Patienten genannte Gründe für den Wunsch nach aktiver Euthanasie oder assistiertem Suizid (van der Wal et al. 1992)

Auch nach den Ergebnissen der Studie von van der Maas et al. (1991) spielte der Verlust der Würde (57% der Fälle) und die Abhängigkeit von anderen (33%) für die Patienten eine wichtigere Rolle als die körperliche Symptomatik. Es ist offenbar weniger der physische Leidenszustand, der den Wunsch nach einem raschen Tod motiviert, als vielmehr *das empfundene Unvermögen, der Sterbenssituation noch eine kohärente, persönliche ebenso wie mitmenschliche Sinnmöglichkeit abzugewinnen.* Ein Sterben, das dem Menschen schrittweise die Möglichkeiten zu äußerer Aktivität nimmt, ihn der Kontrolle über seinen Körper beraubt und der Hilfe anderer übereignet, kann offenbar immer weniger als sinnvoller oder gar wesentlicher Teil des eigenen Lebens begriffen werden.

Abschließend wollen wir noch die Einstellung der holländischen Ärzte zur Euthanasie betrachten (Tab. 4):

Euthanasie oder Beihilfe zum Suizid	Hausärzte (n=152)	Klinikärzte (n=203)	Heimärzte (n=50)	Gesamt (n=405)
schon einmal angewandt	62%	44%	12%	54%
noch nie angewandt, aber grundsätzlich bereit dazu	28%	40%	6%	34%
grundsätzlich ablehnend, aber zu Überweisung zu anderem Kollegen bereit	6%	9%	26%	8%
grundsätzlich ablehnend, auch gegenüber einer Überweisung	3%	8%	2%	4%
Gesamt	100%	100%	100%	100%

Tab. 4. Praxis und Einstellung niederländischer Ärzte in Bezug auf Euthanasie oder assistierten Suizid (van der Maas et al. 1991)

Euthanasie wird vor allem von Hausärzten durchgeführt (in absoluten Zahlen dreimal mehr als von Klinikärzten). Von ihnen haben, wie die Tabelle zeigt, 62% schon einmal eine Tötungshandlung begangen. Insgesamt sind es 54% der Ärzte, weitere 34% wären aber grundsätzlich bereit dazu, und nur 12% lehnen aktive Euthanasie für sich ab. Die meisten holländischen Ärzte scheinen also keine unüberwindlichen Hemmungen vor einer Tötungshandlung zu haben; abweichend ist interessanterweise die Einstellung der Pflegeheimärzte. – Auch die nicht-freiwillige Euthanasie stößt vielfach nicht mehr auf Vorbehalte: 27% der niederländischen Ärzte haben bereits Tötungen ohne Verlangen durchgeführt, 32% erklärten sich grundsätzlich bereit, sie in der Zukunft zu vollziehen.

Modell Holland?

Die Niederlande führen nun seit einigen Jahren ein soziales Experiment durch, dessen Auswirkungen sich zum gegenwärtigen Zeitpunkt noch nicht schlüssig beurteilen lassen. Dennoch sind die bisherigen Resultate zweifellos auch für die Diskussion in anderen Ländern bedeutsam – um so mehr, als in Holland noch besonders günstige Voraussetzungen für das Euthanasie-Experiment bestehen. Die Niederlande sind ein reicher Staat mit einer sehr guten medizinischen Versorgung, einem dichten Netz an Pflegeheimen und einer weitestgehend ausgewogenen Verteilung der Ressourcen des Gesundheitssystems (fast 100% der Bevölkerung sind versichert). Ökonomische Erwägungen haben daher mit Sicherheit keinen Einfluß auf die Euthanasiepraxis gehabt. – Hausärzte haben in Holland eine besonders starke Stellung und meist langjährigen Kontakt mit ihren Patienten; der Anteil von Patienten, die in der häuslichen Umgebung statt im Krankenhaus oder Pflegeheim sterben (40%), liegt fast doppelt so hoch wie in der Bundesrepublik. Dadurch verringert sich auch die Gefahr einer anonymisierten Euthanasie, die in anderen Ländern ungleich größer wäre. Wenn also die holländischen Erfahrungen kritisch zu beurteilen sind, dann würde dies zweifellos in noch höherem Maß für andere Staaten gelten. In der amerikanischen Diskussion z.B. spielen ökonomische Überlegung durchaus eine Rolle: Wenn weite Teile der Bevölkerung die aufwendigen Behandlungs- und Pflegekosten in den letzten Lebensabschnitten nicht tragen können, ist der soziale Druck auf alte Menschen zur vorzeitigen Lebensbeendigung im Fall ihrer Freigabe vorauszusehen.

Wie ist nun das „Modell Holland" vor diesem Hintergrund zu bewerten?

Die Euthanasie wird unbestreitbar von der großen Mehrheit der holländischen Bevölkerung getragen und von fast allen Parteien und Verbänden einschließlich der evangelischen Kirche unterstützt oder doch wenigstens akzeptiert. Ebensowenig kann die humane Motivation der meisten Ärzte bestritten werden, die Euthanasie durchführen, und die in der Regel mit ihren Patienten seit langem vertraut sind. So läßt sich erklären, daß holländische Politiker und Ärzte gerade auch im Ausland fast durchwegs mit fester Überzeugung und betontem Optimismus für das neue Verfahren eintreten. – Angesichts der beschriebenen Daten, die vielfach belegen, wie die Praxis der angestrebten Kontrolle entgleitet und weit über den „Idealbereich" strikter Freiwilligkeit hinausführt, fällt es allerdings schwer, diesen Optimismus zu teilen.

So mutet es erstaunlich an, wie eine regierungsamtliche Kommission zu einer positiven Bewertung gelangen und ihr Bericht zur Grundlage einer Gesetzesänderung werden kann angesichts der Tatsache, daß nach ihren Ergebnissen 72% der Euthanasiefälle gar nicht gemeldet wurden; oder angesichts einer erheblichen Zahl völlig illegaler Tötungen ohne Verlangen. Besonders problematisch, ja erschreckend erscheint dabei die nicht geringe Zahl von zurechnungs- und entscheidungsfähigen Patienten (jährlich mindestens 140!), die ohne ihr Einverständnis getötet wurden. Weder in den Berichten der Remmelink-Kommission noch in späteren Stellungnahmen ihrer Mitglieder findet sich dazu eine nähere Erklärung. Hier mündet wohlmeinende Fürsorge im „besten Interesse" des Patienten in den paternalistisch verordneten Gnadentod, der die ursprüngliche Intention der holländischen Euthanasiebewegung in ihr Gegenteil verkehrt.

Nun lautete ein wesentliches Argument für eine Gesetzesänderung, daß die zugegebenermaßen problematischen Bereiche der Euthanasiepraxis durch die Neuregelung „entkriminalisiert" und durch das eingeführte Meldeverfahren besser kontrollierbar würden. So hoffte man die „wilde Euthanasie" ohne Einwilligung des Patienten schrittweise eindämmen zu können. Dieser Versuch ist den jüngsten Erhebungen zufolge fehlgeschlagen. Die Tötungen auf Verlangen nahmen zwar deutlich zu, die nicht-freiwillige Euthanasie blieb hingegen fast konstant. Vor allem aber gelang es nicht, die Ärzte zu einem offeneren Meldeverfahren zu veranlassen. Nach wie vor zieht es die Mehrheit vor, ihre Maßnahmen für sich zu behalten.

Dessen ungeachtet fordern hochrangige Ärzte- und Regierungsvertreter, darunter auch die Justizministerin Sorgdrager, gewissermaßen in einer Flucht nach vorn nun die prinzipielle Straflosigkeit der Euthanasie. Stattdessen soll eine Kommission aus Ärzten, Ethikern und Juristen ohne Einschaltung des Staatsanwaltes über problematische Fälle befinden. Ein Gesetzentwurf dazu ist schon in Vorbereitung. Die holländische Ärztegesellschaft hat 1995 neue Richtlinien erlassen, die Patienten ohne tödliche Krankheit ausdrücklich in die Neuregelung einbeziehen; dies betrifft vor allem die Suizidbeihilfe bei psychisch Kranken und die Tötung von schwerstgeschädigten Neugeborenen, Komatösen und dementen Patienten. Im gleichen Jahr sprach ein Gericht erstmals in einem Musterprozeß einen Arzt frei, der einen Säugling mit Spina bifida und Hirnschädigung auf Drängen der Eltern mit Curare getötet hatte. Ebenso wird inzwischen die Suizidbeihilfe bei chronischer Depression oder Magersucht auch juristisch als prinzipiell legitim angesehen (s. u. Abschnitt „Suizidbeihilfe – Alternative zur Euthanasie?, pp. 81 ff.).

Diese Entwicklung hat durchaus ihre innere Logik. Denn die aktive Euthanasie in Holland stützt sich einerseits auf das Selbstbestimmungsrecht, das sich auch auf die Wahl des eigenen Todes erstrecken müsse; andererseits auf das Gebot der Humanität, ein als unerträglich und sinnlos erlebtes Leiden durch den Tod zu beenden, wenn ihm auf andere Weise nicht abgeholfen werden könne. Nach dem Selbstbestimmungsrecht muß aber auch ein Mensch das Recht auf Tötung haben, der etwa infolge eines schweren Verlustes sein Leben nicht mehr als lebenswert erachtet oder an einer nicht behebbaren Depression leidet. Stellt andererseits die Leidbeseitigung eine so grundlegende humanitäre Forderung dar, so kann sie einem Leidenden doch nicht nur deshalb vorenthalten werden, weil er etwa aufgrund einer Demenz die Möglichkeit der Selbstbestimmung verloren hat. – Bei Patienten in anhaltendem Wachkoma kann allerdings weder von Freiwilligkeit noch von unerträglichem Leiden die Rede sein; dennoch werden auch sie allmählich in die Euthanasie einbezogen.

Hochrangige niederländische Ärztevertreter haben auch kein Hehl daraus gemacht, daß die Freiwilligkeit des Tötungsverlangens nur aus taktischen Gründen in die Kriterien für Euthanasie aufgenommen wurde: Auf diese Weise habe man zunächst eine allgemeine Akzeptanz der Euthanasie erreichen wollen.[10] Meinungsumfragen ergaben, daß

---

[10] So etwa die Vorsitzende des holländischen Gesundheitsrats Dr. Borst-Eilers (vgl. de Wachter 1992).

inzwischen drei Viertel der holländischen Bevölkerung sowohl die freiwillige als auch die nichtfreiwillige Euthanasie billigen. Fast ein Fünftel der Befragten gaben an, daß sie wahrscheinlich die nichtfreiwillige Euthanasie für einen dementen Angehörigen beantragen würden. Hingegen sprachen sich die Hälfte selbständig lebender älterer Menschen und 90% der Bewohner von Alten- und Pflegeheimen gegen eine solche Euthanasie aus, da sich befürchteten, unter Umständen selbst eines Tages Opfer einer solchen Maßnahme werden zu können.[11]

Hier wird eine Kluft zwischen den Jüngeren und Gesunden einerseits und den Alten und Sterbenden andererseits erkennbar. Eine solche Kluft besteht grundsätzlich immer, sie wird aber durch die Möglichkeit einer fremdbestimmten vorzeitigen Lebensbeendigung zu einer realen Bedrohung. Die eigentliche Gefahr liegt nicht etwa in völlig willkürlichen oder gar bösartigen ärztlichen Handlungen, sondern in der schleichenden Entmachtung schwerkranker oder sterbender Patienten, die zu Objekten der wohlmeinenden Interessenvertretung seitens der Ärzte und Angehörigen werden.

Die Remmelink-Kommission selbst rechtfertigte die Tötungen ohne Verlangen, indem sie sie als den Euthanasie-Handlungen in ethischer Hinsicht ähnlich einstufte:

„Die letzte Rechtfertigung für das Eingreifen ist in beiden Fällen das unerträgliche Leiden des Patienten. Daher gibt es medizinisch gesehen wenig Unterschied zwischen diesen Situationen und Euthanasie, denn in beiden Fällen geht es um Patienten, die schrecklich leiden … Nach Ansicht der Kommission kann das Eingreifen des Arztes leicht als eine Handlung betrachtet werden, die ebenso wie Euthanasie durch die Notlage gerechtfertig ist."[12]

---

[11] Vgl. Twycross (1990).
[12] Zitiert nach Keown (1994), p. 229.

In einem späteren Rückblick hat sich die van der Maas-Gruppe noch einmal in ähnlicher Weise dazu geäußert: „Für das Verständnis der holländischen Euthanasiepraxis ist es wesentlich zu wissen, daß der Wunsch des Patienten nicht die einzige Basis der ärztlichen Entscheidung darstellt... Unabhängig von dem Wunsch muß der Arzt immer die Überzeugung haben, daß Euthanasie der einzig akzeptable Weg aus dem Leiden ist... Euthanasie ist daher immer sowohl auf Autonomie als auch auf Fürsorge gegründet. Obgleich wir meinen, daß der autonome Wunsch und das Leiden beides notwendige Bedingungen für Euthanasie sind, können wir uns Situationen vorstellen, die keiner durchleben möchte. In solchen Fällen extremen Leidens könnte das Leben berechtigt ohne den Wunsch des Patienten beendet werden ... Die Erlösung vom Leid durch Euthanasie kann Teil einer guten Medizin sein."[13]

Allerdings lag, wie oben beschrieben, das ärztliche Motiv für die Tötungen ohne Verlangen meist nicht in tatsächlich unerträglichen Leidens- und Schmerzenszuständen, sondern eher in der Sinnlosigkeit des noch verbleibenden Lebens, das für seinen Träger als nur noch belastend und wertlos angesehen wurde. Wenn sogar eine offizielle akademische Kommission so leicht den rechtfertigenden Weg von der freiwilligen zur nicht-freiwilligen Tötung findet, wieviel näher muß dies den Ärzten in der Praxis liegen, die mit dem Zustand des Patienten, dem Druck von Angehörigen oder auch schlicht den Zwängen eines Krankenhausbetriebes unmittelbar konfrontiert sind!

Diese alltägliche Realität der Euthanasie ist trotz aller Zahlen schwer zu erfassen, weil sie vor allem atmosphärischer Natur ist. Robert Twycross, ein bekannter englischer Medizinethiker und Spezialist für Palliativmedizin, beschrieb aufgrund seiner Erfahrungen in den Niederlanden

---

[13] Van Delden et al. (1993), p. 26.

erste Erscheinungen dessen, was er „Euthanasie-Mentalität"
nennt[14]:

(1) Eine Patientin mit metastasiertem Brustkrebs litt unter
schweren Schmerzen. Eine Erhöhung des Morphiums hatte
zunächst keinen Erfolg. Vor einigen Wochen hatte sie in der
Ambulanz dem Arzt gesagt, sie würde aufgrund ihrer Über-
zeugungen nie Euthanasie beantragen. Nun wurde sie an
einem Samstag von diesem Arzt aufgenommen und erhielt
Midazolam und Morphium. Sie wurde vorübergehend bewußtlos, und das Midazolam wurde herabgesetzt. Als sie
wieder erwachte, war sie schmerzfrei. Nach dem Wochen-
enddienst ging der Arzt am Montag nach Hause; die Patientin starb eine halbe Stunde später. Am nächsten Tag erzählte
eine Schwester dem Arzt, ein Kollege habe eine 20fache
Erhöhung der Morphiumdosis angeordnet. Die Familie der
Patientin war gebeten worden, den Raum zu verlassen, der
Arzt gab die Anordnung nur mündlich und wollte sie nicht
schriftlich bestätigen. Von dem ersten Arzt zur Rede gestellt,
erklärte der Kollege: „Es hätte noch eine Woche bis zu ihrem
Tod dauern können, und ich brauchte dringend das Bett."

(2) Ein alter Mann lag wegen eines metastasierenden
Bronchialkarzinoms im Sterben. Seine Symptome waren gut
beherrschbar, und er bat darum, entlassen zu werden, um
zuhause zu sterben. Als seine vier Kinder dies erfuhren,
wollten sie seine Pflege nicht übernehmen. Auch nach wiederholten Gesprächen weigerten sie sich; stattdessen verwiesen sie auf das Leiden ihres Vaters und die Notwendigkeit, es „im Namen der Menschlichkeit" rasch zu beenden.
Als der Arzt dies ablehnte, drohten sie, ihn zu verklagen.
Der Patient bestand weiter auf der Entlassung nach Hause,
und so ging eine Sozialarbeiterin hin, um nach dem Rech-
ten zu sehen. Sie fand das Haus leer vor; alle Möbel waren
schon von der Familie entfernt worden.

---

[14] Zit. nach Haasnot 1996.

(3) Ein älterer Mann lag wegen eines Karzinoms im Sterben; seine Frau und er waren sich einig, daß Euthanasie für
sie nicht in Frage käme. Freunde und Nachbarn, die zu Be-
such kamen, übten jedoch einen leisen Druck auf das Ehe-
paar aus, indem sie ihrer Verwunderung Ausdruck gaben,
daß der Ehemann noch keine Euthanasie beantragt habe.

Auch wenn diese Beispiele sicher nicht dem Geist und
Buchstaben der Neuregelung entsprechen, deutet sich hier
doch eine neue Weise des Umgangs mit dem Sterben an.
Nichts mehr ist zu erkennen von der mitmenschlichen
Wärme und dem einfühlsamen Mitleid, das die Euthanasie
motivieren sollte, sondern vielmehr Kälte und Berech-
nung – eine neue „Kultur des Tötens".

Euthanasie und Ethik

Wie auch immer das holländische Experiment weiter verläuft: Die Euthanasiebewegung wird hierzulande nicht so
rasch wieder verstummen. Immer deutlicher werden die
Ärzte mit der Forderung konfrontiert werden, das Leben an
seinen Grenzen nicht mehr sich selbst zu überlassen, sondern mit medizinischer Hilfe auch seine Rahmenbedingungen frei wählen zu können. Der Rückzug auf die Position
der Unverfügbarkeit und Heiligkeit des menschlichen Lebens erscheint unglaubwürdig in einer Zeit, in der Intensiv-
und Transplantationsmedizin, Geburtenregelung, Abtreibung, Fertilisations- und Gentechnologie die früher unzu-
gänglichen Grenzbereiche des Lebens längst menschlicher
Kontrolle und Manipulierbarkeit unterworfen haben. Wer
sich angesichts dessen der Forderung nach freier Wahl des
Lebensendes verweigert, muß bestenfalls Unverständnis,
eher noch den Eindruck skrupulöser Inkonsequenz oder
paternalistischer Intoleranz hervorrufen. Daher müssen wir
uns um so eindringlicher die Frage stellen: Soll es erlaubt

sein, schwer leidende Menschen auf ihren Wunsch zu töten?

Primäre moralische Intuitionen oder überkommene ärztliche Grundsätze bieten heute keine Gewähr mehr für eine sichere und glaubwürdige ethische Haltung zu dieser Frage. Es bedarf einer eingehenderen Prüfung der verschiedenen Argumente. Dabei geht es zum einen um die Frage der *grundsätzlichen* Rechtmäßigkeit der Tötung auf Verlangen; diese Prüfung wird sich gewissermaßen am Idealfall der Arzt-Patienten-Beziehung orientieren. Ebenso wichtig ist aber die Beurteilung der möglichen *Folgen* einer gesellschaftlichen Institutionalisierung der Euthanasie. Denn was im Einzelfall möglicherweise vor dem eigenen Gewissen verantwortet werden kann, muß deshalb noch keineswegs zur gesellschaftlichen Praxis werden, wenn sich zeigen sollte, daß die Gefahren einer Euthanasiefreigabe den möglichen Nutzen bei weitem überwiegen. Zu prüfen sind also gesinnungsethische, auf das individuelle Handeln bezogene, und verantwortungsethische, die Folgen für die Gesellschaft als ganze betreffende Gesichtspunkte. Wir wollen, an die Analyse der holländischen Situation anschließend, mit letzteren beginnen.

Wer darf sich töten lassen?

Befürworter der Tötung auf Verlangen setzen in ihrer Argumentation meist eine in freier Willensbestimmung getroffene Entscheidung des Patienten für seinen Tod voraus; eben diese Autonomie ist ja eine wesentliche Basis ihrer Position. Allerdings verträgt sich diese Voraussetzung nicht unbedingt mit der zweiten, nämlich der Unerträglichkeit des Leidens, wie es die holländischen Richtlinien fordern. Entspringt der Wunsch getötet zu werden nicht gerade einer Extremsituation, die alles andere begünstigt als Souveränität, besonnene Überlegung und unbeeinflußte Selbstbestimmung?

Die Erkenntnis des bevorstehenden Lebensendes löst Gefühle von Entsetzen, Schock, Angst, Wut, Verzweiflung und Depression aus. Die meisten Menschen sind in solcher Lage wohl kaum imstande, in nüchterner Abwägung eine wirklich eindeutige und endgültige Entscheidung zu treffen. Schwankt nicht gerade ein Todkranker fortwährend zwischen Hoffnung und Resignation? Der geäußerte Wunsch und der eigentliche Wille des Patienten müssen nicht übereinstimmen. Es wird vielfach von der entsprechenden Bereitschaft seiner Umgebung und vor allem des Arztes abhängen, ob das zunächst vage aufkommende Nicht-mehr-Wollen zu einem Tötungswunsch wird; und in vielen Fällen wird erst das Ja des Arztes dem Patienten die innerlich immer noch vorhandenen Zweifel an der Sicherheit seines Entschlusses nehmen. Das Ideal des selbstverantworteten Todes, wie es Jean Améry beschwört[15] und wie es in gesunden Zeiten so anziehend erscheint, ist vielleicht von einer Minderheit auch realisierbar; für die große Mehrheit dürfte es eine Überforderung darstellen.

Selbst wenn man diese Möglichkeit nicht ausschließen will, steht man vor dem nächsten Problem: In jedem Fall muß nun der Arzt die Freiheit des Entschlusses, seine Ernsthaftigkeit und Angemessenheit zur Situation in irgendeiner Weise beurteilen. Diese Einschätzung des Sterbewunsches eines Menschen unterliegt jedoch immer der Irrtumsmöglichkeit. Der Grad und die „Erträglichkeit" individuellen Leidens hängen von der Persönlichkeit und den Wertvorstellungen des Betroffenen ab und entziehen sich einer objektivierbaren Bewertung durch andere. Niemand, nicht einmal der Patient selbst kann sicher ausschließen, daß hinter seinem Wunsch nach einem raschen Ende eigentlich

---

[15] Jean Améry (1976), Hand an sich legen. Diskurs über den Freitod. Stuttgart: Klett-Cotta.

etwas ganz anderes steht: die möglicherweise unbegründete Angst vor unerträglichem Leiden, Depression und Einsamkeit, das Bedürfnis nach Nähe und Verständnis, oder aber der Wunsch nach Entlastung der Umgebung.

Nach den holländischen Untersuchungen liegen die Hauptmotive für den Sterbewunsch jedenfalls nicht in den oft zitierten unerträglichen Schmerzen, sondern vielmehr im Gefühl der Würdelosigkeit, in der Angst vor Abhängigkeit, Hilflosigkeit und Entstellung. Dabei aber handelt es sich durchwegs um *Beziehungsqualitäten*, um das menschliche Verhältnis des Sterbenden zu seiner Umgebung. Die Erfahrungen in Sterbehospizen zeigen daher auch, daß die Erfahrung menschlichen Rückhalts und adäquater medizinischer Betreuung die Einstellung des Kranken zu seinem Leiden und Sterben in hohem Maße beeinflußt, ja oft tiefgreifend verändert. Gerade alte und pflegebedürftige Menschen sind für äußere Stimmungen höchst sensibel. Sie leiden ohnehin darunter, daß sie ihre Umgebung und vor allem die ihnen Nahestehenden durch ihren Zustand belasten. Gilt die Tötung auf Verlangen einmal als gesellschaftliche Normalität, so wird vielen von ihnen dieses Verlangen sehr bald als soziale Pflicht erscheinen. Die Kosten an Kraft, Zeit und Geld, die ihr Zustand verursacht, sind plötzlich abhängig von ihrem freien Willen. Sie könnten sie den anderen jederzeit ersparen.

Muß eine solche Situation nicht zwangsläufig das Vertrauen in den Rückhalt der Umgebung untergraben? Und kann der Patient im Arzt noch seinen Vertrauten sehen, wenn er in seinem Koffer immer schon die tödliche Spritze mit sich tragen könnte? – Das Ideal des selbstverantworteten Todes setzt eine Autonomie und innere Stärke voraus, die nur wenigen Menschen in der Phase des Sterbens gegeben ist. Autonomie und Festigkeit sind aber auch erforderlich, um die Möglichkeit der Euthanasie selbst in schwierigen Phasen des Sterbens für sich definitiv auszuschließen.

Die bisherigen Erfahrungen in den Niederlanden zeigen, daß die Neuregelung die Möglichkeit der Fehlentscheidung und des Mißbrauchs weit offen hält. Wie soll auch etwas so schwer faßbares wie sozialer Druck durch Verfahrensregelungen ausgeschlossen werden? Aber selbst die expliziten Kriterien zulässiger Euthanasie wie „Freiwilligkeit", „Dauerhaftigkeit" und „Unerträglichkeit" sind nahezu beliebig interpretierbar und dehnbar. Man mag dies nur für eine Frage strikterer Ausführungsbestimmungen und Kontrollen halten. Aber je mehr Sicherheit in diesem diffizilen Bereich gefordert wird (Fristen, Zeugen, Kommissionen usw.), desto bürokratischer muß sich die Prozedur gestalten. Mit Recht fragt der Jurist Albin Eser, ob nicht gerade dies eine Atmosphäre in das Sterbezimmer hineintrage, „durch die der ‚Tod in Würde' ... eher in sein Gegenteil verkehrt würde"[16].

Der Wunsch, den Tod in die eigene Hand zu nehmen, ist nur die andere Seite des Machbarkeitsglaubens, der schon die medizinische Lebensverlängerung bis zur Unmenschlichkeit hervorgebracht hat. Bereits hier haben wir mit dem Problem der Indikation zu kämpfen: Wen darf man sterben lassen? Freilich wird kaum kein Arzt tatsächlich Leben „um jeden Preis erhalten" wollen. Aber mit der Machbarkeit ist der Maßstab des Vernünftigen und Menschlichen verlorengegangen, der allein die Entscheidung zum Behandlungsabbruch tragen kann. Nun müssen wir mühsam versuchen, durch Lebensqualitätsskalen und Prognose-Algorithmen einen solchen Maßstab zurechtzuzimmern. Das gleiche droht aber in noch gravierenderer Form, wenn wir nun nicht mehr den Abbruch der Behandlung, sondern den Abbruch des Lebens selbst juristisch regeln und an bestimmte Kriterien knüpfen wollen. Denn will man nicht den Lebensschutz hier ganz aufgeben und auch den vorübergehend Hoffnungslosen oder Verzweifelten seinem selbst gewählten

[16] Eser (1995).

Schicksal überlassen, statt ihn vor sich selbst zu schützen – kein Euthanasiebefürworter verficht das Autonomieprinzip in so radikaler Form – dann müssen Kriterien gefunden werden, um den „Wert-seines-Lebens-für-ihn-selbst" aus der Außenperspektive zu beurteilen – eine Quadratur des Kreises.

Das Ideal des souveränen, seine verbleibenden Lebenschancen nüchtern abwägenden und in stoischem Gleichmut den Tod vorziehenden einzelnen ist also eine Sache; eine andere aber die Eingrenzung des für die Euthanasie in Frage kommenden Personenkreises, der sich ja nicht auf die Idealfälle beschränken läßt. Dies führt weiter zu Überlegungen, die die möglichen Folgelasten einer Durchbrechung des Tötungsverbots betreffen.

Die schiefe Bahn

Die Forderung nach aktiver Euthanasie beruft sich, so wurde schon gesagt, auf zwei Grundwerte: das Selbstbestimmungsrecht, das sich auch auf die Wahl des eigenen Todes erstrecken müsse; und das Gebot der Humanität, ein als unerträglich empfundenes Leiden notfalls auch durch Tötung des Leidenden zu beenden. Die moralische Logik dieser Motive läuft allerdings, wie der amerikanische Medizinethiker Callahan gezeigt hat[17], schon von sich her einer Eingrenzung der Euthanasie zuwider; sie gibt zwei schiefe Bahnen vor, auf denen sich ein schleichender Wandel der Mentalität vollziehen kann.

Wenn nämlich das Selbstbestimmungsrecht eine so zentrale ethische Rechtfertigung darstellt, dann kann die Berechtigung zu Euthanasie oder Suizidbeihilfe nicht auf die Phase des Sterbens beschränkt werden. Unerträgliches und chronisches Leiden ist gerade bei seelischen Erkrankungen

---

[17] Callahan (1992).

in jeder Lebensphase möglich. Keineswegs kann immer mit einer anhaltenden Besserung gerechnet werden, die den Patienten seinen Tötungswunsch revidieren läßt. Und selbst wenn diese Aussicht für den Außenstehenden wahrscheinlich ist: Woher nimmt er das Recht, den an einem schweren Verlust oder an einer wiederkehrenden seelischen Krankheit Leidenden auf eine ungewisse Zukunft zu vertrösten, wenn dieser nun einmal *jetzt* sterben will, selbst wenn er eine spätere Wende in seinem Leben nicht ausschließen würde? Wenn es diese Option denn gibt, dann müßte also auch ein Mensch das Recht auf Tötung haben, der etwa infolge einer entstellenden Erkrankung, eines nicht wieder behebbaren beruflichen Scheiterns oder einer chronischen Depression sein Leben nicht mehr als lebenswert erachtet.

Stellt andererseits die Leidbeseitigung eine so grundlegende humanitäre Forderung dar, so kann sie einem Leidenden doch nicht nur deshalb vorenthalten werden, weil er die Möglichkeit der Selbstbestimmung verloren hat. Ohnehin muß der Arzt auch bei der freiwilligen Euthanasie immer zu einer eigenständigen Beurteilung des Werts des Lebens für den Patienten gelangen; von daher liegt die Übertragung seiner Entscheidung auf den nicht mehr kommunikationsfähigen Patienten nicht mehr allzu fern. Die grundsätzliche Einbeziehung Neugeborener, Komatöser oder dementer Patienten in die niederländische Euthanasieregelung hat gezeigt, wie schnell das „Autonomiemodell" der Euthanasie in ein „Fürsorgemodell" des tödlichen Mitleids übergeht.

Damit sind also die Ausweitungen aller möglichen Euthanasieregelungen schon vorgezeichnet: zum einen die Tötung oder Suizidbeihilfe allein auf den autonomen Wunsch des Patienten hin, unabhängig von der Art oder Tödlichkeit seines Leidens; zum anderen die Tötung ohne Wunsch des Patienten, zur Beendigung seines Leidens oder auch nur seines aus ärztlicher Sicht „sinnlos" gewordenen Lebens. In den meisten Vorschlägen zur Euthanasie-Freigabe sind zwar die zum Tode führende Erkrankung einerseits und das Freiwilligkeitsprinzip andererseits als Voraussetzungen miteinander verknüpft. So war es auch in den Niederlanden. Daß diese Verknüpfung allerdings nicht lange vorhält, hat sich dort bereits gezeigt. Spätestens dann aber öffnen sich zwei schiefe Bahnen, auf denen keine sinnvollen Haltepunkte mehr auszumachen sind. Ist der Weg der Entkriminalisierung und Legalisierung der Euthanasie einmal beschritten, so gibt es offensichtlich keine ausreichenden Barrieren mehr, um den Schutz des behinderten, beschädigten oder seinem natürlichen Ende entgegengehenden Lebens sicherzustellen.

Diese Gefahr wird noch verstärkt durch die derzeit theoretisch dominierende, utilitaristische Bioethik, wie sie mit den Namen von Peter Singer, John Harris oder Helga Kuhse verbunden ist.[18] Denn für sie ist die Tötung auf Verlangen erklärtermaßen nur die Vorstufe zur Tötung lebensunwerten Lebens, das mangels rationalen Bewußtseins im Konflikt äußerungsfähiger Eigeninteressen den kürzeren zieht. Singer knüpft die Anerkennung der Personalität eines Menschen an die Kriterien von Rationalität, Ichbewußtsein, Autonomie und Eigeninteresse. Nur solchen Wesen gegenüber haben wir eigentlich rechtliche Verpflichtungen. Den Schutz des Lebens sollen daher Menschen nicht als solche genießen, sondern nur wenn sie über die genannten Eigenschaften verfügen. Die Zugehörigkeit zur menschlichen Gattung allein begründet noch kein Lebensrecht. Embryonen, mißgebildete Säuglinge, schwer geistig Behinderte oder Demente sind in dieser Sicht keine Personen. Sie empfinden zwar Lust und Schmerz, verfügen aber nicht über ein auf die Zukunft gerichtetes Interesse an ihrem Weiterleben, das durch eine Tötung durchkreuzt werden könnte. Da sie

---

[18] Hierzu Singer (1984), Harris (1985), Kuhse (1987, 1990).

keine Präferenzen in bezug auf ihre Zukunft haben, ist ihr „Gnadentod" ethisch nicht anders zu beurteilen als die Tötung eines höherentwickelten Tieres. Er kann aus humanitären Gründen geboten sein, aber auch um etwa einem anderen, besser geratenen Kind die Möglichkeit zu geben, statt des Behinderten aufgezogen zu werden.[19]

Die Gefahr einer fortschreitenden Einschränkung des Lebensschutzes wird schließlich alarmierend vor dem Hintergrund steigender Gesundheitskosten und der Überalterung der Bevölkerung. Dieser ökonomische und soziale Druck bedroht schon heute die Toleranz gegenüber chronisch kranken und pflegebedürftigen Menschen. Die Möglichkeit einer Verkürzung der kostenintensiven Sterbephase legt es nur allzu nahe, daß sich die Forderung nach Euthanasie mit den materiellen Interessen der Gesunden und Jüngeren in der Gesellschaft unheilvoll verknüpfen wird. Die bereits zunehmende Schwierigkeit, die Existenz eines behinderten Kindes im Zeitalter von Frühdiagnostik und nachfolgender Abtreibung noch zu rechtfertigen, läßt nichts Gutes für den letzten Lebensabschnitt erwarten, wenn dessen Länge erst einmal wählbar geworden ist.

Natürlich sind es zunächst die Starken, die Selbstbewußten, die das „Recht auf den eigenen Tod" propagieren, die wie Walter Jens und Hans Küng das „Recht, nicht zu leiden" verkünden oder die den rechtzeitigen Suizid als würdigen Freitod, ja als „Tod der Zukunft" verherrlichen, wie dies in den Niederlanden zu hören ist.[20] Sie fordern die Voll-

---

[19] „Sofern der Tod eines geschädigten Säuglings zur Geburt eines anderen Kindes mit besseren Aussichten auf ein glückliches Leben führt, dann ist die Gesamtsumme des Glücks größer, wenn der behinderte Säugling getötet wird. Der Verlust eines glücklichen Lebens für den ersten Säugling wird durch den Gewinn eines glücklicheren Lebens für den zweiten aufgewogen" (Singer [1984], p.183). „Betrachtet man neugeborene Kinder als ersetzbar, wie wir jetzt Föten als ersetzbar betrachten, so hätte das gegenüber der … Abtreibung beträchtliche Vorteile" (ibidem, p.186).
[20] Jens/Küng (1995), Diekstra (1996).

endung der Emanzipation des rationalen Individuums; doch ihre Forderung wird zur Existenzbedrohung für die Schwachen und Unmündigen. Denn wie wollen wir verhindern, daß dieses Recht in einer Atmosphäre zunehmender Verteilungskämpfe und sozialer Kälte für die Alten schleichend zur Verpflichtung wird? Und daß Hinfällige, Demente, Bewußtlose oder behinderte Säuglinge getötet werden, weil sich unter dem Mantel von Humanität und Mitleid handfeste materielle Vorteile gut verbergen?

Mit Recht verwahren sich die Befürworter der Euthanasie gegen die Unterstellung, es ginge bei der gegenwärtigen Debatte um etwas wie den rassenhygienisch motivierten Mord an Behinderten, den die nationalsozialistische Propaganda euphemistisch als „Euthanasie" bezeichnete. Und doch ist die Erinnerung an diese Maßnahmen notwendig, weil sie den Blick schärft für die Gefahr des „tödlichen Mitleids" und der pervertierten Humanität.[21] Sie mahnt zur Wachsamkeit gegenüber einer Haltung, die die Bewältigung von aussichtslosem Leiden nicht mehr ausschließlich im Beistand, in der bis zum Schluß aufrechterhaltenen mitmenschlichen Gemeinschaft sucht, sondern in der Tötung. Zwar spielen die damals so fatalen Außenkriterien des „Lebenswerts" wie soziale Leistungsfähigkeit, Kosten für die Gesellschaft und Belastung der erblichen Volksgesundheit in der heutigen Diskussion meist (noch) keine explizite Rolle. Umso wirkungsvoller können sie aber als unbewußter Hintergrund unsere Einstellungen beeinflussen: als latenter Ekel gegenüber geistiger und körperlicher Hinfälligkeit, als Atmosphäre der Altenfeindlichkeit, als stillschweigendes Einverständnis mit dem Tötungs- oder Selbsttötungswunsch von Menschen, die sich und anderen zur Last geworden sind.

---

[21] Vgl. dazu Dörner (1988).

Wenn getötet werden darf, wer es will, könnte sich dies allzuleicht dahin verkehren, daß nur der nicht getötet werden darf, der es nicht will. Der Lebensschutz wird dann vom Lebenswillen und vom Lebensinteresse abhängig, wie dies Singer und andere utilitaristische Ethiker ja auch vertreten. Der bedingungslose Kampf gegen schicksalhaftes, unvermeidliches Leiden – kämpfen wir auch so bedingungslos gegen vermeidbares Leiden in der Welt? – droht sich am Ende gegen die Leidenden selbst zu wenden.

Die bisherigen Überlegungen bewegten sich auf der verantwortungsethischen Ebene der Risiken und Folgelasten einer Freigabe aktiver Euthanasie. Wir wenden uns nun den gesinnungsethischen Gesichtspunkten zu. Dabei geht es zunächst um die Frage des Rechts auf Tötung, dann um die Unterscheidung von Töten und Sterbenlassen; schließlich wollen wir fragen, was die Tötung selbst als Akt gegenüber dem anderen Menschen bedeutet.

Gibt es ein Recht auf Tötung?

Die Vorstellung, der Mensch müsse das Recht haben, den Zeitpunkt seines Todes selbst zu wählen, und der Arzt solle ebenso berechtigt sein, ihm diesen Wunsch zu erfüllen, ist weit verbreitet und scheint auf den ersten Blick auch plausibel. Bereits im Jahr 1895 veröffentlichte Adolf Jost eine Streitschrift mit dem Titel „Das Recht auf den Tod". Dieses Recht sah Jost dann gegeben, wenn die Summierung von Freude und Schmerz, die ein Mensch erlebt, für ihn und für die Allgemeinheit offenkundig eine Negativbilanz ergebe.

Aber dieses vielfach propagierte „Recht auf den eigenen Tod" oder „Recht auf menschenwürdiges Sterben" ist näher besehen ein mehrdeutiger und schillernder Begriff. Handelt es sich darum, eine lebensverlängernde Behandlung zu verweigern, so ist dieses Recht grundsätzlich längst gegeben, und es käme allerdings darauf an, auch für seine angemessene Realisierung zu sorgen. Jeder hat auch die Möglichkeit, freiverantwortlich einen Suizidversuch zu unternehmen, und darf nur solange daran gehindert werden, als diese freie Willensbestimmung etwa aufgrund einer psychischen Krankheit zweifelhaft ist. Es gibt also ein *negatives* Recht, am Sterben oder Sich-Töten nicht oder nicht um jeden Preis gehindert zu werden. – Gemeint ist aber mit dem „Recht auf den Tod" in der Diskussion eigentlich etwas anderes: das Recht, von einem anderen *getötet zu werden.* Das negative Recht soll also in ein positives Recht umgewandelt werden, das mir einen Anspruch auf ein bestimmtes Handeln der anderen, nämlich auf die aktive Tötung verschafft. Gibt es ein solches Recht?

Tatsächlich liegt hier eine Verkennung des Charakters individueller Rechte vor. Sie sind ihrem Wesen und ihrer historischen Herkunft nach *Freiheitsrechte* gegenüber anderen und gegenüber dem Staat, die im fundamentalen Recht des Individuums auf Leben und Selbsterhaltung gründen. Sie sichern damit die Rahmenbedingungen für die autonome Entfaltung der Person. Eben deshalb fand aber das Prinzip der Selbstbestimmung gerade in den liberalen Gesellschaften immer dort seine Grenze, wo die Person selbst ihre Freiheit oder leibliche Unversehrtheit anderen übereignen will: Es war verboten, sich in die Sklaverei zu verkaufen oder sich zu duellieren, so wie es heute verboten ist, etwa mit eigenen Organen zu handeln. Das Prinzip der Freiheit verbietet es, sie an andere zu veräußern; umgekehrt kann die Achtung vor dem Freiheitsrecht des anderen nicht zur letzten Konsequenz haben, ihn zu töten und damit das Subjekt dieser Freiheit zu beseitigen. Verabsolutiert zu einem Recht, *getötet zu werden,* verkehrt sich das Autonomieprinzip zum Paradox.

Die individuellen Freiheitsrechte sichern zwar die Rahmenbedingungen für die freie Entfaltung des einzelnen. Sie geben aber keine Garantie für Wohlbefinden, Gesundheit und Glück. Das aber ist gerade der Kern des postulierten Rechts auf menschenwürdiges Sterben: *„corriger la fortune"* – den Fehler der Natur zu korrigieren, die mir den sanften und raschen Tod verweigert. Es wäre in der Tat das „Recht, nicht zu leiden", also die mit der Existenz gegebene Zumutung des Leidens zurückzuweisen. Rechte aber gibt es nicht gegenüber der Natur und dem Schicksal, sondern nur gegenüber anderen Menschen. Das Recht des einen ist zugleich die Verpflichtung eines anderen, ihm auch zu entsprechen. Die aktive Euthanasie ist eine Handlung, die nicht ohne die physische Hilfe und moralische Verantwortung eines anderen und ohne die Billigung der Gesellschaft als ganzer durchführbar ist.

Es geht damit im Unterschied zum Suizid nicht mehr nur um die Autonomie und Würde des Leidenden, sondern auch um die der Helfer, die der Tötungswillige in Anspruch nimmt. Auch der Arzt muß ein frei handelndes Wesen bleiben und darf sich nicht als bloßes Instrument des Patientenwillens ansehen. Der Preis für die Sicherheit eines schnellen Todes ist die Zumutung an einen anderen, zum Tötenden zu werden. Bezahlen soll diesen Preis schließlich ein Berufsstand, der seit jeher gerade der Erhaltung des Lebens verpflichtet ist. Die Forderung nach der Abschaffung von Leid durch Beseitigung des Leidenden mißbraucht die Medizin zur Verwirklichung persönlicher Vorstellungen von einem guten Leben und zur Leidvermeidung um jeden Preis. Eine solche Forderung mag gleichwohl erhoben werden – ein *Recht* aber ist daraus nicht abzuleiten.

Töten und Sterbenlassen

Wenn sich ein Recht auf Tötung nicht aufrechterhalten läßt, könnte die Euthanasie doch durch den Nachweis gerechtfertigt werden, daß sie der medizinischen Praxis im

Grunde längst entspricht. Daher bestreiten ihre Befürworter einen relevanten Unterschied zwischen der erlaubten „passiven" und der „aktiven" Sterbehilfe, zwischen Sterbenlassen und Töten. Der Abbruch einer Behandlung und die tödliche Injektion sind beides physische Handlungen, die in der Sterbephase gleichermaßen den voraussehbaren Tod nach sich ziehen; sie bedeuten also doch wohl „Töten". Warum dann eine dieser Optionen ausschließen?[22] – So überzeugend diese Argumentation zu sein scheint, sie ist dennoch falsch. Wir wollen dies in einigen Schritten zeigen.

Was heißt Töten, was heißt Sterben?

Im alltäglichen Sprachgebrauch ist uns der Unterschied zwischen Sterben und Töten, zwischen einem „natürlichen" und einem „unnatürlichen" Tod ohne weiteres klar. „Sterben" ist das schließliche Resultat einer fortschreitenden Desintegration des Organismus aus sich selbst heraus, sei es infolge von Alter oder Krankheit. „Töten" heißt demgegenüber eine den Organismus von außen treffende und ihn unmittelbar tödlich schädigende Einwirkung, sei es durch eine Verletzung oder die Zuführung einer schädlichen Substanz wie z. B. die Injektion eines Herzgifts.

„Sterben*lassen*" bedeutet daher, einem bereits begonnenen, innerorganismischen Krankheits- und Zerfallsprozeß seinen Lauf zu lassen, ohne die zentralen Lebensfunktionen durch medizinische Eingriffe zu stützen. Selbst das Abschalten des Beatmungsgerätes bei einem Todkranken, obgleich eine physische Handlung mit Todesfolge, ist daher keine Tötung. Nur bei der aktiven Euthanasie wird der Arzt

---

[22] Schon bei Binding und Hoche (1920, p. 18) wird die Tötung auf Verlangen mit der bloßen „Vertauschung der Todesursachen" begründet: die in der Krankheit wurzelnde Todesursache werde nur durch eine andere ersetzt.

im eigentlichen Sinn zum Verursacher des Todes. Die eingangs genannte Argumentation vermengt also grundsätzlich verschiedene Formen von verursachendem Handeln miteinander. Der bereits erwähnte Medizinethiker Callahan hat diesen Unterschied der Kausalität treffend illustriert: Die tödliche Injektion beendet das Leben des Kranken ebenso wie des Gesunden; der Behandlungsabbruch dagegen führt nur beim Sterbenskranken zum Tod, beim Gesunden hätte er gar keine Auswirkung.[23]

Wir können uns die Unterscheidung zwischen Töten und Sterbenlassen noch deutlicher machen, indem wir angeben, worin sie *nicht* besteht:

(1) Sie ist *nicht* gleichbedeutend mit dem Unterschied von *Handeln und Unterlassen*. Denn Sterbenlassen kann ebenso durch physisches Tun (Abschalten eines lebensverlängernden Geräts, Abstellen einer Infusion etc.) realisiert werden wie durch Nichts-Tun, also durch den Verzicht auf Behandlung. Oder man denke an einen Arzt, der die Wahl hat zwischen einer (das Sterben nicht aufhaltenden) Kochsalz-Infusion, einer (therapeutisch, also lebensverlängernd wirksamen) Bluttransfusion und einer (tödlichen) Kalium-Infusion: Seine physische Aktion ist jedesmal die gleiche, aber der *Handlungssinn*, bezogen auf den Organismus des Patienten, ist vollkommen verschieden. – Die Rede von „aktiver" und „passiver" Euthanasie ist daher mißverständlich, insofern sie den falschen Eindruck erweckt, das Vorhandensein oder Fehlen einer physischen Aktion und nicht der jeweilige Handlungssinn sei das Kriterium der Unterscheidung.

(2) Sie ist auch *nicht* gleichbedeutend mit der Unterscheidung von moralisch „verwerflichem" oder „nicht verwerflichem" Handeln. Denn offensichtlich gibt es Formen

---

[23] Callahan (1992).

des Sterbenlassens, die ausgesprochen verwerflich und dementsprechend strafbar sind: Wenn ein Arzt einem akut schwer erkrankten Patienten nicht hilft, den er durch eine geeignete Maßnahme vor dem Tod retten könnte; oder wenn eine Mutter ihr Baby verhungern läßt. Ersteres wird als unterlassene Hilfeleistung bestraft, letzteres – hier wird die juristische Sprache problematisch: – als „Tötung durch Unterlassen". Auf dieses Beispiel wird von Euthanasiebefürwortern häufig verwiesen: Wenn wir das Nicht-Handeln der Mutter als Tötung bezeichnen, dann sei auch das Sterbenlassen eines Patienten eben eine Tötung; und wenn wir diese als legitim ansehen, dann müsse dies ebenso für die Tötung durch eine Injektion gelten.

Das Ziel der Argumentation ist durchsichtig: Durch Veränderung des Sprachgebrauchs soll eine ethisch bedeutsame Unterscheidung nivelliert werden. Tatsächlich macht die problematische juristische Formel der „Tötung durch Unterlassen", wenn überhaupt, nur dann Sinn, wenn sie auf eindeutig verwerfliche Fälle von Sterbenlassen bezogen bleibt. Diese für die Euthanasie-Problematik bedeutsame Auffassung wird auch in der Justiz überwiegend vertreten. Betrachten wir ein Beispiel:

1986 sprach das Landgericht Ravensburg einen Mann frei, der seiner Frau auf ihren Wunsch passive Sterbehilfe geleistet hatte. Die durch amyotrophe Lateralsklerose, eine unheilbare Rückenmarkserkrankung, fast völlig gelähmte Frau war durch ihre Atemeinschränkung bewußtlos geworden und wurde in der Klinik gegen ihren früher geäußerten Wunsch beatmet. Als sie ihr Bewußtsein wiedererlangte, wiederholte sie ihren Wunsch mit Hilfe einer Spezialschreibmaschine. Gegen ihren Mann, der ihr daraufhin diesen Wunsch erfüllte und das Atemgerät abstellte, erhob die Staatsanwaltschaft Anklage wegen „Tötung auf Verlangen". Das Gericht sprach ihn jedoch mit der Begründung frei,

„... daß ein unweigerlich dem Tod geweihter Mensch, der aus eigener Kraft nicht mehr weiter leben kann, und dessen ‚Lebensverlängerung' mit Hilfe technischer Geräte unzweifelhaft nur eine Verlängerung des Sterbevorgangs bedeutet, verlangen kann, das solche Maßnahmen unterbleiben oder abgebrochen werden. *Jemand, der diesem Verlangen nachkommt, gleichgültig ob durch Unterlassen oder durch aktives Tun, tötet nicht (auf Verlangen), sondern leistet Beistand im Sterben*" (Hvhb. v. Vf.).

Ebenso können wir also von einem Arzt, der nicht fahrlässig oder schuldhaft, sondern nach reiflicher Überlegung einer tödlichen Krankheit durch Behandlungsabbruch ihren Lauf läßt, berechtigt sagen, daß er nicht *tötet*, sondern seinen Patienten *sterben läßt*, ohne beides einander gleichzusetzen.

Natürlich – unnatürlich, natürlich – künstlich

Das gleiche sprachliche Problem wie beim Tötungsbegriff stellt sich beim Begriff des „natürlichen Verlaufs". Anhänger der aktiven Euthanasie bestreiten in der Regel, daß es einen Unterschied zwischen dem Natürlichen und dem Künstlichen in der Medizin überhaupt noch gebe. Wenn ein Arzt bei einem Todkranken eine Infektion nicht mehr mit Antibiotika bekämpft, was er bei einem sonst gesunden Patienten selbstverständlich tut, dann könne er sich nicht darauf berufen, daß er „nur der Natur ihren Lauf lasse". Wenn der Patient aufgrund dieser Entscheidung sterbe, so sei sein Tod nicht mehr „natürlich" zu nennen. Gerade die hochtechnisierte Medizin greife doch fortwährend in natürliche Verläufe künstlich ein: Die Realität einer Intensivstation mache die Unterscheidung zwischen natürlichem und unnatürlichem Sterben obsolet. Der Arzt, der einen Patienten in dieser Situation sterben lasse und nicht töte, ziehe sich inkonsequenterweise auf den Standpunkt des „Natürlichen" zurück, dem sein ganzes sonstiges Handeln doch entgegengesetzt sei.

Nun wird wohl niemand den Unterschied zwischen einem *aus sich selbst heraus* sich vollziehenden Geschehen und einem *durch menschliches Eingreifen* unterbrochenen oder veränderten Geschehen bestreiten. Er liegt auf der reinen Handlungsebene, noch vor jeder moralischen Bewertung. „Natürlich" wäre ein Verlauf dann, wenn er unserem Handeln vorgegeben ist; ein „natürliches Geschehen" wäre dasjenige, worauf wir mit unserem Handeln erst reagieren. Auch das Unterlassen ist freilich eine Reaktion, eine Stellungnahme, und unterliegt damit, wie wir sahen, unbedingt moralischer Bewertung. Aber warum wird das Geschehen selbst „unnatürlich", wenn wir nicht in es eingreifen? Dann wäre der Tod durch eine unbehandelte Lungenentzündung allerdings ebenso unnatürlich wie der Tod durch Vergiftung oder durch eine Gewehrkugel.

Wir könnten uns freilich auf eine solche Sprachregelung einigen. Warum ist es aber sinnvoll, an der Unterscheidung zwischen dem natürlichen und dem durch menschliches Eingreifen bestimmten Verlauf festzuhalten? – Weil in ihr ein dem Menschen eigentlich gemäßes Verhältnis zur Wirklichkeit zum Ausdruck kommt. Es zeichnet gerade den besonnenen und reifen Menschen aus, daß er sich zu seiner Umgebung nicht wie der Elefant im Porzellanladen verhält, sondern daß er *innehalten*, sich zurücknehmen und die Wirklichkeit als solche sein lassen kann, bevor er sich über den Sinn seines Handelns in ihr klar wird. In ökologischen Zusammenhängen beginnen wir allmählich zu lernen, daß das Natürliche zunächst einmal ein Vorrecht vor dem technischen Eingreifen hat. Durch schmerzliche Erfahrungen klug geworden, begreifen wir, daß sich unsere *Interventionen* in vorgegebene Zusammenhänge rechtfertigen müssen, und nicht unser Sein-Lassen der Natur. Die Gleichsetzung von

Handeln und Sein-Lassen gegenüber der natürlichen Mitwelt war und ist eine Ausgeburt des neuzeitlichen Rationalismus, für dessen Herrschaftsanspruch es nichts der Rationalität Vorausgesetztes geben darf, sondern alles nur gleich-gültiges Material für seine Zwecke und Interessen darstellt.

Das scheint nun im Fall der Medizin nicht zu gelten: Krankheiten sind doch ein „Fehler der Natur", sie gehören in jedem Fall bekämpft und nicht etwa „zugelassen"! Eben diese Haltung zeigt, daß wir aus dem Dilemma des medizinischen Fortschritts immer noch nicht genug gelernt haben. Tatsächlich ist es gerade der blinde Aktionismus, der Handeln und Sein-Lassen kurzerhand als „künstlich" oder „nicht mehr natürlich" gleichsetzt, der die Entgleisung der technologischen Medizin zur Folge hatte und dadurch das Euthanasieproblem wesentlich mitverursacht hat. Es war dieser Aktionismus, der für gnadenlose Chemotherapie-Schemata verantwortlich war, mit denen krebskranken Patienten die letzten Lebensmonate zur Qual gemacht wurden, um vielleicht noch ein paar Wochen für die statistische „Überlebensrate" herauszuschinden. Alles schien besser als „der Natur ihren Lauf zu lassen". – Von dieser Haltung hat die Medizin, gerade auch die Onkologie bereits vielfach Abstand genommen. Sie besinnt sich darauf, daß Nicht-Handeln wertvoller sein kann als Handeln um jeden Preis. *„Primum nil nocere"* heißt eine alte ärztliche Grundregel, zuallererst nicht schaden: Das ärztliche *Eingreifen* hat sich vor dem Patienten zu rechtfertigen, nicht die Vorsicht und das Abwarten, wo ein Erfolg nicht wahrscheinlich ist. Wer gegen den Unterschied von „natürlich" und „künstlich" oder „unnatürlich" argumentiert, hat aus diesen Erfahrungen noch nichts gelernt.

Dieser Unterschied gilt auch, trotz allem gegenteiligen Anschein, für die Intensivmedizin. Das vorausgesetzte Natürliche ist für sie der Organismus, dessen *autonomes* Leben es zu erhalten oder wiederherzustellen gilt; diesem

Ziel dient alle eingesetzte Technik. Intensivmedizin ist Hilfe zur Selbsthilfe. Der Arzt bricht die künstliche Behandlung dann ab, wenn sie voraussichtlich die Autonomie des Organismus nicht wiederherstellen kann und daher für den Patienten keinen Wert mehr hat. Sie würde vielmehr entgegen dem Prinzip des *„nil nocere"* sein Leiden noch künstlich verlängern, also *zusätzliches* Leiden schaffen. Dies vorausgesetzt, hat nun in der Tat der „natürliche" Verlauf Vorrang vor dem „unnatürlichen", das Sterben vor dem Eingreifen; damit aber auch das Sterbenlassen vor dem Töten. Die Anwendung der Kunst *im Dienst* des Lebens rechtfertigt noch nicht, sie im Fall ihres Versagens auch *gegen* das Leben zu richten.

Das Dilemma des Arztes

Oft fällt es Ärzten selbst schwer, ihre Maßnahmen in die ethischen Kategorien einzuordnen und für sich die Grenzen zwischen dem Gebotenen und Verbotenen zu ziehen. Das ist noch kein Grund, solche Grenzen für „Spitzfindigkeiten" oder für moralisch bedeutungslos zu erklären, und so in die Nacht zu gelangen, in der ohnehin alle Katzen grau sind. Es zeigt vielmehr, daß wir in den schwierigen medizinischen Grenzbereichen von Zeugung, Geburt, Sterben und Tod noch nicht gelernt haben, genau genug auf die Phänomene hinzusehen. Betrachten wir daher noch ein Beispiel:

Die Oberärztin einer Intensivstation erklärt, wenn sie bei einem Todkranken die Infusion mit kreislaufstabilisierenden Medikamenten abstelle, und er wenig später sterbe, so betrachte sie dies als aktive Sterbehilfe. Deshalb käme für sie dieser Schritt nicht in Frage. Auf die Frage, was dann für sie *passive* Sterbehilfe sei, antwortet sie, „das Nichterneuern des Tropfs, wenn die Infusionsflasche leer ist".[24]

---

[24] Newsletter Ethik in der Medizin (1996) 1/Nr. 4, p. 1.

Diese Auffassung zeigt, wie die wohlmeinende, aber unreflektierte moralische Intuition angesichts der Vermitteltheit technischen Handelns in die Irre geleitet werden kann. Die Ärztin empfindet das Abstellen der Infusion als „aktive Euthanasie", sie nicht zu erneuern hingegen ist für sie „Sterbenlassen". Ihre Anschauung ist intuitiv begründet durch das Vorhandensein einer physischen Handlung im einen Fall und ihr Fehlen im anderen. Doch in beiden Fällen zieht ihre Entscheidung den Tod des Patienten nach sich; und in beiden Fällen tritt dieser Tod gleichwohl ohne ihr Zutun ein, aus dem Eigenverlauf des Krankheitsprozesses heraus. Nicht die physisch-leibliche Handlungsebene ist also ethisch entscheidend, sondern der *Handlungssinn* des Tuns oder Unterlassens; und dieser besteht eben in beiden Fällen darin, die Lebensfunktionen des Organismus nicht mehr weiter zu stützen, so daß der Patient sterben kann. Das eine ist genauso gerechtfertigt wie das andere.

Die intuitive Überzeugung von einem ethisch relevanten Unterschied zwischen Handeln und Unterlassen ergibt sich auch aus einer Neigung der menschlichen Natur, die man als „psychologisches Trägheitsprinzip" bezeichnen könnte. Einen einmal begonnenen Ereignisablauf zu unterbrechen, bedeutet eine *augenblickliche* Entscheidung; ihn weiterlaufen zu lassen, schiebt hingegen die Entscheidung auf – sie wäre ja auch zu einem späteren Zeitpunkt noch möglich. Die Unterbrechung trägt also ein höheres Maß an Bestimmtheit in sich und setzt entsprechend eine größere Sicherheit, einen gefestigteren Willen voraus. Daher neigen wir dazu, den Dingen eher ihren Lauf zu lassen, als diesen Lauf zu korrigieren.

Wir sagten bereits, daß dieses psychologische Trägheitsprinzip unter Umständen auch seine ethische Berechtigung hat, wenn nämlich ein Geschehen unabhängig von uns seinen Verlauf nimmt und wir vor der Frage stehen, ob wir in es eingreifen sollen. Da wir als Unbeteiligte primär dafür nicht verantwortlich sind, muß unser Eingriff die begründete Aussicht auf Erfolg oder zumindest einen deutlichen Vorteil für die Beteiligten haben. Nichts anderes besagt ja der ärztliche Grundsatz des *„nil nocere"*: Wenn ich als Arzt interveniere, muß die Wahrscheinlichkeit eines Nutzens für den Patienten deutlich höher sein als das Risiko, ihm damit zu schaden. Denn für einen selbst verursachten Schaden ist der Arzt in höherem Maße verantwortlich als für einen gleich schweren Schaden, der durch den natürlichen Krankheitsverlauf zustandekommt. Dies rechtfertigt natürlich in aller Regel keineswegs ärztliche Untätigkeit, die sich dann die Krankheitsfolgen als unterlassene Hilfeleistung zuzuschreiben hätte. Der Grundsatz des *„nil nocere"* gibt nur für prognostisch zweifelhafte Fälle eine Richtungsvorgabe – so wie vor Gericht das *„in dubio pro reo"*. Solche Richtungsvorgaben sind aber grundlegend für Professionen, die tief in menschliche Schicksale eingreifen: Sie müssen sich dessen bewußt bleiben, daß die Menschen nicht in ihrer Gewalt sind, sondern sie ihnen zu dienen haben.

Aber der Grundsatz des *„nil nocere"* kann das Abwarten der genannten Ärztin nicht rechtfertigen – im Gegenteil. Denn die ärztliche Intervention hat ja längst begonnen, und nicht das *Abstellen* der Infusion, sondern ihre *Fortführung* hat sich zu rechtfertigen – so wie juristisch jeder ärztliche Eingriff zunächst eine Körperverletzung darstellt, die nur durch den Willen des Patienten und begründete Erfolgsaussichten exkulpiert wird. Im Normalfall wird der Arzt freilich nicht bei jeder Infusion nach seiner juristischen Legitimation fragen. Aber für den todkranken Patienten kann eine lebenserhaltende Infusion sehr wohl einen Schaden darstellen – wenn sie nämlich sein Leiden bloß verlängert, ohne hinreichende Aussicht auf eine für ihn noch einmal lebenswerte Zeit. Die Ärztin auf der Intensivstation müßte sich also vergegenwärtigen, daß die tropfende Infusion nicht einen Naturvorgang, sondern nur die fortlaufende

Folge ihrer eigenen Intervention darstellt. Dem physischen Akt des „Abschaltens" ist ja der Akt des Anlegens der Infusion vorangegangen, den sie sich ebenso zuzurechnen hat. Sie greift also nicht in einen Naturvorgang ein, sondern macht vielmehr ihren Eingriff rückgängig, da er dem Patienten nicht mehr nützt, sondern eher schadet.

An dieser Stelle bleibt der Ärztin wohl immer noch ein Unbehagen. Das Abstellen der Infusion oder das Abschalten des Respirators ist eine Handlung mit vorhersehbarer Todesfolge. Sie verursacht nicht den Tod, aber sie „zieht ihn nach sich". Als Zeuge dieser Verknüpfung behält die Ärztin das Gefühl zurück, sie habe über Leben und Tod entschieden, ja sie habe diesen Tod „herbeigeführt". *Hätte* sie die Infusion nicht abgestellt, dann *wäre* der Patient nicht gestorben. Das ist richtig, und daran ist nichts zu ändern. Diese Verantwortung kann ihr auch niemand abnehmen. Man kann ihr nur sagen, daß die Möglichkeiten der Medizin die Ärzte nun einmal mit dieser Verantwortung konfrontieren. Auch die Fortführung der lebenserhaltenden Behandlung eines Todkranken *ist* de facto eine „Entscheidung über Leben und Tod", wenngleich sie sich nicht in gleicher Weise auf einen Punkt, ja eine körperliche Handlung zuspitzt wie der Abbruch der Therapie.

Aber es kommt noch eine andere Schwierigkeit hinzu, nämlich die Zeit *nach* dem Abstellen der Infusion. Sie ist das eigentlich Unangenehme an der Entscheidung: Es auszuhalten, nichts mehr gegen den nahenden Tod zu tun, nur noch präsent zu sein. Daran wird deutlich, daß medizinischer Aktionismus, die Suche nach Therapien in ausweisloser Situation eine Form des Weglaufens vor dem Tod sein kann. Die eigentliche Sterbebegleitung ist gewissermaßen ein asketischer Akt: ein Hinhören und Verstehen, das sich nicht in Tun umsetzen muß; ein Nicht-Handeln, das die höchste Form der Präsenz sein kann, weil an die Stelle des Agierens die reine wahrnehmende Anwesenheit und die innere Verbindung mit dem Sterbenden tritt. Diese ist freilich am schwersten zu verwirklichen.

Daß Ärzte, die in einer liberalen und weitgehend materialistisch gesinnten Gesellschaft leben, nicht die Kriterien, die ethischen Grundsätze und die innere Kraft aufbringen, die das Weiterleben ermöglichenden Apparate abzustellen und den durch Aktionismus verdrängten Tod schließlich zu seinem Recht kommen zu lassen, sollte ihnen niemand vorwerfen, wie der Internist Herbert Begemann einmal zu bedenken gab. Aber wir sollten uns damit auch nicht zufrieden geben. Ein Gefühl für das Maß des sinnvollen Handelns zu entwickeln, muß expliziter Teil der ärztlichen Ausbildung werden. Die Gesellschaft selbst muß diese Thematik selbstkritisch diskutieren. Denn letztlich sind es wir alle, die eine nur von uns selbst zu übernehmende Verantwortung nur allzu bereitwillig an die Ärzte delegieren. Dazu wird in einem späteren Abschnitt noch einiges zu sagen sein.

Die interpersonale Bedeutung des Tötens

Wir haben nun immer wieder auf den eindeutigen Unterschied zwischen aktiver Euthanasie und Sterbenlassen auf der Handlungsebene hingewiesen. Aber ist er denn auch moralisch relevant? Rechtfertigt nicht das humane Motiv der Leidensminderung trotzdem die Wahl des äußersten Mittels? Ist diese Motivation bei beiden Formen des Handelns nicht letztlich die gleiche, nämlich dem Patienten zu einem möglichst gnädigen Tod zu verhelfen? Und ist die aktive Euthanasie dabei nicht einfach konsequenter, mutiger und zugleich respektvoller gegenüber dem Willen des Patienten?

Wir sind hier bei der Kernfrage der Euthanasie angelangt, die sich unabhängig von allen möglichen Gefahren und Folgelasten stellt, gewissermaßen im Idealfall einer vertrauensvollen, von beiderseitiger Autonomie und gegenseitigem Respekt charakterisierten Beziehung von Arzt und Patient: Darf der Arzt in dieser Beziehung seinen Patienten töten?

In einer säkularen Gesellschaft scheint es keinen absoluten und verbindlichen Wert mehr zu geben, der einer solchen Handlung entgegensteht. Weder die biologisch angelegte Tötungshemmung noch der religiöse Gedanke der „Heiligkeit des Lebens" stellen für die Mehrzahl der Menschen einen gültigen Einwand gegen die freiwillige Tötung dar. Und doch scheint mir, daß sich ein solcher Einwand finden läßt, wenn wir die interpersonale Bedeutung des Tötungsaktes selbst betrachten.

Zunächst ist die innere Haltung des Arztes bei „passiver" und „aktiver" Euthanasie eine grundsätzlich verschiedene. Der Behandlungsabbruch bedeutet für ihn, auf die Macht seiner Kunst zu verzichten und sich dem Tod nicht mehr in den Weg zu stellen; also das Sterben des Patienten geschehen zu lassen und damit sein Leiden ebenso zu ertragen wie die eigene Ohnmacht. Andererseits ermöglicht gerade diese veränderte Situation dem Arzt, den Pflegenden und Angehörigen eine neue, *innere* Aktivität, nämlich die der eigentlichen Sterbebegleitung, die zu einer Zeit intensiver menschlicher Gegenwart werden kann. – Demgegenüber stellt die aktive Euthanasie eine Fortsetzung des aktiven Handelns mit anderen Mitteln dar. Statt den Tod gewähren zu lassen, kommt der Arzt ihm zuvor. Er behält die letzte Gewalt über das Leben; ja durch seine Tötung wird die ärztliche Macht, die sonst in seinem Dienst steht, verabsolutiert. Ziel des Behandlungsabbruchs ist das *Sterbenkönnen*, Ziel des Tötens ist unmittelbar der *Tod*. Nur ihn kann der Arzt erzwingen, nicht das Sterben. Daher ist auch das Wort „*Sterbe*hilfe" für die aktive Tötung offensichtlich ein Euphemismus.

Die Haltung des Arztes bei der begleitenden Sterbehilfe läßt sich mit Begriffen wie Zurückhaltung, Sein-Lassen,

Achtung und Ehrfurcht vor dem Leben des anderen kennzeichnen. Aber auch die Befürworter aktiver Euthanasie können sich auf hohe Werte berufen: Mitleid, Humanität, Achtung vor dem freien Willen der Person. Die entscheidende Frage ist: Welche Handlung ist in sich konsistent, d. h., wo stimmen innere Haltung und gewähltes Mittel überein? Ist die Tötung eines Menschen wirklich mit der Achtung seiner Person vereinbar?

Der Wille des Patienten entbindet den Arzt nicht einer eigenständigen Beurteilung und Entscheidung. Er hat dabei aber nicht nur die Freiheit dieses Willens und seine Angemessenheit zur Situation zu prüfen. Um die Verantwortung für den Tötungsakt auf sich nehmen zu können, muß er *selbst* ein Urteil über die Angemessenheit des Tötungswunsches und den Grad der Lebensbeeinträchtigung des Patienten fällen. Zwar geht damit nicht die ganze Last der Entscheidung auf den Arzt über; aber er ist es, der die Tötung vollzieht, nicht der Patient. Er setzt durch den Akt des Tötens diesen Urteilsakt selbst in Kraft. Weit entfernt davon, nur Instrument des Patientenwillens zu sein (wie er wohl glauben mag), macht sich der Arzt vielmehr in einer Person zum Richter *und* Vollstrecker eines Urteils über den Wert oder Unwert eines Lebens.

Freilich mag er sich dessen nicht genau bewußt sein, sich auf den Willen des Patienten, auf die Haltung des Mitleids und der Achtung berufen, in der er die Tötung doch vollziehe. Hier aber spaltet sich der Arzt auf in eine physisch handelnde, tötende und in eine seelisch gegenwärtige, empathische Person. Die scheinbar zur äußersten Konsequenz geführte Humanität führt in einen grundlegenden Selbstwiderspruch: Aktive Euthanasie bedeutet den Versuch, der leidenden Person gerecht zu werden, indem man ihren Organismus zerstört. Sie ist der äußerste Ausdruck eines im Grunde cartesianischen Dualismus: im Dienst eines rationalen Subjekts dessen Körper zu töten, oder *die Seele von ihrem Leib zu befreien.* Aber die leidende Person – das ist *dieser lebende Mensch vor mir.* Er begegnet mir in seinem Leib und wird mir anders gar nicht wirklich.

Das erste, was mir aus dem Antlitz des Anderen entgegenkommt, so schreibt der jüdische Philosoph Emmanuel Lévinas, ist die unbedingte Verneinung dessen, was mir doch physisch jederzeit möglich wäre. Es ist das Wort: „Du wirst keinen Mord begehen; du wirst mich nicht töten." – „Der Widerstand, hart und unüberwindbar, leuchtet im Antlitz des Anderen, in der vollständigen Blöße seiner Augen, ohne Verteidigung, in der Blöße der absoluten Offenheit des Transzendenten." Es ist, so Lévinas, „der Widerstand dessen, was keinen Widerstand leistet – der ethische Widerstand".[25]

Dieser Widerstand des beseelten Leibes des Anderen ist unabhängig von seinem Willen. Darf der Arzt diesen Widerstand ignorieren? – Gerade der Arzt hat es, solange der Mensch lebt, mit einer unteilbaren Einheit von ‚Leib' und ‚Seele', von Äußerem und Innerem zu tun – mit der *Person* in ihrer leiblichen Integrität. Er kann nicht den Leib von ihr abgelöst behandeln – oder töten. Töte ich den Leib des Anderen auch auf seinen Wunsch, so töte ich doch *ihn selbst.* Die Sinnrichtung der Tötung steht im Widerspruch zur vermeintlichen Humanität der Motivation. Hier liegt die Wurzel des intuitiven Widerwillens gegen die Gnadentötung, den die Ärzte seit jeher empfunden haben: Aufgrund der leibseelischen Einheit, in der uns der andere Mensch, solange er lebt, immer gegenübertritt, richtet sich die Tötung seines Organismus zugleich gegen ihn selbst als Person.

Die aktive Euthanasie impliziert einen geistigen Akt, der über das Leben eines Menschen eine Bewertung als sinnlos oder lebensunwert vollzieht und der sich in seiner physi-

---

25 Lévinas (1987), p. 285f.

schen Vollstreckung gegen seine Person als leibseelische Einheit richten muß. Beides ist mit der Achtung vor der Würde des Anderen nicht vereinbar. Diese Achtung fordert das „Du wirst nicht töten", auch da, wo der Andere mir freie Hand dazu gibt.

Suizidbeihilfe – Alternative zur Euthanasie?

Im Gegensatz zu den Bestimmungen in den meisten anderen Ländern läßt das deutsche Recht, wie eingangs festgestellt, die Beihilfe zur Selbsttötung straffrei. Zwar ist grundsätzlich jeder zur Verhinderung eines Suizidversuchs und zur Rettung des Suizidenten verpflichtet. Das gilt insbesondere für den Arzt, der seinem Patienten gegenüber eine sogenannte Garantenstellung innehat, also in besonderer Weise für sein Wohl verantwortlich ist. Er kann bei unterlassener Hilfe sogar der „Tötung durch Unterlassen" (§ 13 StGB) angeklagt werden. Dennoch hat sich bereits im bekannten Fall Hackethal gezeigt, daß die Justiz unter der Voraussetzung eines eindeutig freiverantwortlichen Suizids auch hier von einer Verpflichtung zur Hilfeleistung absieht und die Beihilfe straffrei läßt (so das Urteil des Oberlandesgerichts München vom Juli 1987).

Nun sind solche in freier Selbstbestimmung ausgeführte „Bilanzsuizide" sehr selten. Der Todeswunsch eines Menschen ist in aller Regel, nämlich in etwa 95% der Fälle, Ausdruck und Symptom einer psychischen Erkrankung oder einer akuten Konfliktreaktion. Zwischen 80 und 90% der Menschen, die versucht haben sich das Leben zu nehmen, sind später froh, noch am Leben zu sein, und nur etwa 10% wiederholen den Versuch. Dennoch muß sicher ein kleiner Anteil der Suizidversuche als überlegte und freiverantwortliche Konsequenz aus einer Lebensbilanz angesehen werden, die ein Weiterleben nicht mehr als sinnvoll erscheinen läßt. Dieser Anteil könnte steigen, wenn eine zunehmende Anzahl todkranker Patienten um Suizidbeihilfe ersucht (bisher liegt ihr Anteil an den Suizidversuchen unter 3%). In der Propagierung des assistierten Suizids böte sich eine Möglichkeit, die Forderung nach selbstbestimmter Wahl des eigenen Todes durchzusetzen – umso mehr, als die Legalisierung der Tötung auf Verlangen in der Bundesrepublik in absehbarer Zeit wenig Aussicht auf Erfolg haben dürfte.

Auch die internationale bioethische Diskussion, insbesondere die Entwicklung in Australien und in Oregon weist auf eine zunehmende Tendenz hin, das virulente Problem der Sterbehilfe nicht durch ärztlich vollzogene Tötung, sondern durch das „sanftere" Mittel der Suizidbeihilfe lösen zu wollen. Die Gründe dafür liegen auf der Hand: Zum einen ist hier weniger Widerstand vor allem seitens der Ärzteschaft zu erwarten; zum anderen gibt das Verfahren dem Patienten mehr Eigenverantwortung und entspricht insofern auch dem Autonomieprinzip, auf das sich die Forderung nach freier Bestimmbarkeit des eigenen Todeszeitpunktes ja maßgeblich stützt. Die rechtliche Situation in Deutschland erlangt damit für manche Euthanasiebefürworter sogar Modellcharakter.[26]

Wir wollen die Problematik zunächst an einem Beispiel aus den Niederlanden veranschaulichen, bevor wir in eine nähere Diskussion eintreten.

Der Fall Chabot

Seit Euthanasie und Suizidbeihilfe in den Niederlanden in den meisten Fällen von Strafe freigestellt bleiben, haben dort Ärzte auch chronisch psychisch Kranken Beihilfe zur Selbsttötung geleistet. Vorläufiger Höhepunkt dieser Entwicklung ist eine Entscheidung des Obersten Gerichts der

---

[26] z.B. für Battin (1992).

Niederlande aus dem Jahr 1994, in der die Suizidbeihilfe bei einer depressiven Patientin grundsätzlich gebilligt wurde; sie wurde weithin als Präzendenzfall gewertet und hat weltweit Aufmerksamkeit erregt. Der niederländische Psychiater Boudewijn Chabot hatte seiner 50jährigen Patientin Netty Boomsma zum Suizid verholfen; das gegen ihn eingeleitete Verfahren kam vor das Oberste Gericht der Niederlande, das am 21.6.1994 seine Entscheidung traf.[27]

Frau Boomsma war verheiratete Sozialarbeiterin und Mutter zweier Söhne. 1986 nahm sich ihr älterer, 20jähriger Sohn das Leben. Die Patientin wurde daraufhin wegen akuter Suizidalität vorübergehend in eine psychiatrische Klinik aufgenommen, entschied sich jedoch schließlich um ihres jüngeren Sohnes willen zum Weiterleben. 1988 erfolgte die Trennung, 1990 die Scheidung von ihrem Mann. 1991 starb auch ihr zweiter Sohn mit 20 Jahren innerhalb kurzer Zeit an einem Karzinom. Unmittelbar darauf beging sie einen schweren Suizidversuch mit Tabletten, überlebte aber. In der Folgezeit kreisten all ihre Bemühungen weiter um den beschlossenen Suizid; sie ließ sogar das Grab ihres ersten Sohns so versetzen, daß zwischen beiden Söhnen schon der Platz für ihren Sarg vorbereitet war.

Drei Monate nach dem Tod des zweiten Sohnes trat Frau Boomsma über die Niederländische Gesellschaft für Freiwillige Euthanasie in Verbindung mit Dr. Chabot, der sich bei der Gesellschaft zur Betreuung suizidaler Patienten angeboten hatte. Er führte in den folgenden Wochen mit Frau Boomsma eine Reihe intensiver Gespräche von insgesamt etwa 24 Stunden Dauer. Nach seiner Diagnose litt sie unter einer seit 5 Jahren hingezogenen schweren Trauerreaktion mit vorwiegend depressiver Stimmung. Dr. Chabot versuchte im Verlauf der Behandlung, eine Trauerarbeit in

---

[27] Vgl. zum folgenden die Berichte und Analysen bei Gevers (1995), Griffiths (1995), Klotzko (1995), Ogilvie/Potts (1994).

Gang zu bringen, was die Patientin jedoch bald bemerkte und verweigerte: Sie wisse bereits von ihrem ersten Sohn her, was Trauern sei, und sei dazu nicht noch einmal bereit. „Meine Kinder zu betrauern heißt, sie gehen zu lassen und ein anderer Mensch zu werden. Genau das will ich nicht: Ich will keine andere werden als die, die ich war, als ich eine glückliche Mutter war." Auch eine Behandlung mit Antidepressiva lehnte die Patientin ab. „Antidepressiva werden vielleicht bewirken, daß ich mich etwas besser fühle, aber was ändert das für mich?" Sie wolle sich gar nicht besser fühlen, sondern sterben. „Der einzige Sinn, den das Leben für mich noch hat, ist es, durch einen würdevollen Tod meinen Weg zu Peter und Robbie zu finden."

Dr. Chabot beschrieb seine Patientin als eine ungewöhnlich starke und gleichzeitig sensible Persönlichkeit, deren Leben jedoch völlig auf ihre Kinder als einzigen Wert aufgebaut war. Ihre Stimmung sei wechselnd, überwiegend depressiv gewesen, jedoch mit einem erhaltenen Sinn für Humor und sogar einer gewissen Fähigkeit zur Selbstdistanzierung. Er habe aber verstehen können, warum für diese besondere Frau mit ihrer individuellen Lebensgeschichte der Tod die einzig mögliche Option gewesen sei. Auch mehrere von Chabot konsultierte Fachkollegen stimmten aufgrund seiner Unterlagen mit ihm darin überein, daß angesichts ihrer Verweigerung die Aussichten einer Behandlung äußerst gering seien. Schließlich gab er ihr am 28.9.1991 eine tödliche Medikamentendosis, die sie in seinem Beisein einnahm.

Mit diesem Fall wurde erstmals im Verlauf der Euthanasieprozesse die Beihilfe zum Suizid bei einer körperlich gesunden, seelisch leidenden Patientin vor dem Obersten Gericht der Niederlande verhandelt. In seinem Urteil kam es zu dem Schluß, Euthanasie oder Suizidbeihilfe kämen in einem solchen Fall grundsätzlich ebenso in Frage wie bei unerträglichem körperlich bedingten Leiden. Entscheidend sei das Ausmaß und die Prognose des Leidens, nicht seine Ursache. Ebenso schließe eine psychische Störung oder Krankheit einen kompetenten und freiwilligen Todeswunsch nicht von vornherein aus. Unter anderem berief sich das Gericht auch auf ein Positionspapier der Holländischen Psychiatrischen Gesellschaft, in dem die Beihilfe zum Suizid bei psychischen Leidenszuständen für grundsätzlich legitim erklärt wird. Das Gericht sprach daher den Psychiater grundsätzlich von einer Schuld frei; es verurteilte ihn allerdings dennoch wegen des formalen Umstandes, daß er keinen seiner konsultierten Kollegen auch um persönliche Untersuchung seiner Patientin veranlaßt habe.

Suizidbeihilfe und Euthanasie – ein moralischer Unterschied?

Wie in den Niederlanden üblich, wird im Urteil des Obersten Gerichts nicht grundsätzlich zwischen assistiertem Suizid und aktiver Euthanasie unterschieden. Auch die angloamerikanische bioethische Diskussion tendiert weithin dazu, zwischen Tötung auf Verlangen und Beihilfe zum Suizid – im mehrdeutigen Begriff des *„physician-assisted dying"* zusammengefaßt – keine moralische Unterscheidung zu treffen. Die Wahl zwischen beiden Varianten wird vielfach nur als eine Frage der Zweckmäßigkeit angesehen: Aktive Euthanasie bedeute gegenüber der oralen Gabe eines tödlichen Mittels, daß es „in vielen Fällen einfacher sein wird, die Substanzen intravenös zu verabreichen und so die Zuverlässigkeit der Absorption, die Geschwindigkeit des Todes und die Fähigkeit zur Titrierung der Dosen für den gewünschten Effekt zu verbessern" – wie kürzlich im renommierten New England Journal of Medicine zu lesen stand.[28]

---

[28] Ryan/Kaye (1996).

Doch lassen sich für einen moralisch relevanten Unterschied von Tötung auf Verlangen und Suizidbeihilfe zweifellos gewichtige Gründe angeben. Da der Arzt hier nicht selbst zum Tötenden wird, richtet sich sein Handeln – die Beschaffung des Mittels – nicht unmittelbar gegen den Körper und damit die Person des Patienten. Er akzeptiert dessen Urteil über die Wertlosigkeit seines Lebens, vollzieht es aber nicht selbst. Er macht ihn nicht zum Objekt seiner Tötungsabsicht, wie er dies mit der tödlichen Spritze trotz aller humanitären Intentionen *de facto* tut. Zentrale Argumentationen, wie wir sie im letzten Abschnitt gegen die Tötung auf Verlangen ausgeführt haben, fallen daher bei der Suizidbeihilfe fort. Dementsprechend niedriger dürfte hier in der Regel auch die Schwelle des Arztes liegen, eine Gewissensentscheidung für sie zu treffen. Die Ausführung einer Tat erfordert eben *ceteris paribus* einen ungleich höheren Grad an Identifikation, Motivation und Willenskraft als die bloße Zustimmung oder Beihilfe. Danach richtet sich zumeist auch die juristische Schuldzumessung gegenüber dem Mittäter.

Allerdings muß es als wesentlicher Unterschied gelten, ob die Hilfe zur Selbsttötung als ein letzter Akt der Freundschaft oder Liebe zwischen zwei vertrauten Menschen erfolgt, oder ob diese Hilfe von einem Arzt geleistet und damit zu einem Bestandteil professioneller Normalität wird. Dabei sind zudem sehr verschiedene Konstellationen denkbar. Sie beginnen bei der Verschreibung von Schmerzmitteln oder Psychopharmaka in Dosierungen, die einen vom Arzt bewußt oder unbewußt zugelassenen Suizid des Patienten zu einem Zeitpunkt irgendwann in der Zukunft ermöglichen; und sie reichen bis zu ärztlich applizierten Vorrichtungen oder Suizidapparaturen, die dem Patienten gerade noch eine minimale Eigenaktivität zur Auslösung abverlangen und deren zweckmäßiges Funktionieren vom Arzt fortlaufend überwacht wird. Je professionalisierter und standardisierter nun aber solche „Hilfeleistungen" verlaufen, desto näher rücken sie der aktiven Tötung, die der Arzt durch Injektion mit eigener Hand vollzieht.

Bereits das degoutante Verfahren des Dr. Kevorkian in Illinois, der mit einer Suizidapparatur durch die Lande fuhr, um 39 Patienten, darunter einer Alzheimer-Kranken zum Tod zu verhelfen, hat gezeigt, was Beihilfe zur Selbsttötung bedeuten kann. Einen Höhepunkt des technisierten Suizids stellt aber zweifellos das computergesteuerte „Death-Delivery-System" dar, wie es in Nordaustralien angewandt wird. Gemäß dem am 1. Juli 1996 dort eingeführten Sterbehilfe-Gesetz verabreichte sich drei Monate später erstmals ein krebskranker Patient durch Tastendruck die programmierte tödliche Injektion. Er wurde vom Display des Laptops gefragt: „If you press ‚yes', you will cause a lethal injection to be given in 30 seconds, and will die. Do you wish to proceed?" Der Arzt, der kurz zuvor noch mit ihm zu Abend gegessen und dann die Apparatur appliziert hatte, saß nur noch dabei.[29]

Kann sich der Arzt hier darauf berufen, nicht er, sondern der Patient habe sich die tödliche Injektion selbst verabreicht? Rechtlich mag dies einen Unterschied machen. Dem unbefangenen Blick enthüllt sich diese Prozedur aber als eine verschleierte, sozusagen virtuelle Form des Tötens: Der Arzt läßt sich durch eine Apparatur mit pseudo-personalem Charakter vertreten, um sich nicht selbst „die Hände schmutzig zu machen". Man kann mit Recht fragen, ob die aktive Euthanasie demgegenüber nicht sogar das aufrichtigere Verfahren darstellt, da der Arzt hier durch seine Tötungshandlung wenigstens unmittelbar mit seiner Verantwortung konfrontiert wird.

---

[29] „Wenn Sie auf ‚ja' drücken, werden Sie eine tödliche Injektion innerhalb von 30 Sekunden auslösen. Wollen Sie fortfahren?" – Vgl. Stewart (1996), sowie die Abbildung auf dem Umschlag des vorliegenden Buches.

Mit der Entscheidung über den Fall Chabot hat sich die niederländische Euthanasiepraxis auch offiziell auf den psychiatrischen Bereich ausgedehnt. Auch wenn ein unerträg-
licher Leidenszustand als Rechtfertigung der Euthanasie an
sich immer etwas Seelisches ist, war doch bislang in der Öffentlichkeit der Begriff der Euthanasie mit tödlicher, also
körperlicher Krankheit in ihren Endstadien verbunden.
Nun zeichnet sich ein Weg ab, der zur viel weiter reichen-
den Selbstbestimmung des Menschen über die Annahme
oder Ablehnung seines Lebensschicksals überhaupt führt.
Damit rücken nicht nur alle chronisch verlaufenden psychischen Krankheiten grundsätzlich in den möglichen Bereich
ärztlich unterstützter Lebensbeendigung (auch die Suizidbeihilfe bei chronischer Magersucht oder Depression wurde
bereits erstinstanzlich gebilligt). Vielmehr stehen auch Leidenszustände zur Diskussion, die gar nicht mehr unter den
Krankheitsbegriff im eigentlichen Sinne fallen – etwa Lebens-
überdruß aufgrund körperlicher Entstellungen, Behinderun-
gen oder schwer beeinträchtigender Alterserscheinungen.

Von da aus wäre es nur noch ein kleiner Schritt zur Be-
antragung des Suizids bei einem nicht einmal gegenwärtigen, sondern zukünftigen schweren Leiden, etwa bei begin-
nender Demenz. Was als eine akzeptablere Regelung des
Problems der Sterbehilfe beginnt, droht mit der Einbeziehung seelisch bedingten Leidens zu einer normalen Lösung
tragischen menschlichen Schicksals zu werden. Damit träte
aber gegenüber der Euthanasie bei Sterbenden ein gravie-
render Gesichtspunkt hinzu: Keine psychische Erkrankung
verläuft tödlich ohne Zutun des Menschen. Durch den Suizid wird nicht ein unausweichlich zum Tod führender Prozeß abgekürzt, sondern der in vitaler Hinsicht gesunde Le-
bensfaden abgeschnitten. Es geht nicht um Wochen oder
Monate am Lebensende, sondern um viele Lebensjahre.

Wir alle müssen sterben; doch keinem ist in die Wiege gelegt, daß er sich einmal das Leben nehmen wird. Der biologische Tod ist eine Naturnotwendigkeit; der Suizid hingegen hat überhaupt nichts Notwendiges an sich. Er ist weder ein biologisches Geschehen noch ein Reflex, sondern eine menschliche Handlung. Mehr noch: eine Handlung, die eine entwertende Stellungnahme zur eigenen Person, zur mitmenschlichen Gemeinschaft und zum eigenen Leben impliziert. Sie besagt: Es gibt nichts mehr, das „sich lohnt", das für mich noch Geltung und Bestand hätte. Daher bedeutet der Suizid nicht bloß einen vorzeitigen Abschluß des Lebens, sondern den inneren Akt der endgültigen Trennung von den Mitmenschen. Er ist das Sterben in der äußersten Einsamkeit.

Gerade für den Psychiater heißt dem Suizid zuzustimmen deshalb etwas ganz anderes, als wenn der Arzt sonst dem Eintritt des bevorstehenden biologischen Todes zustimmt oder sogar nachhilft. Denn der Psychiater ist für den suizidalen Patienten der letzte Repräsentant der Hoffnung, des Lebens und der Gemeinschaft. Händigt er ihm dennoch das Gift aus, so bedeutet dies die Anerkennung, daß das „Prinzip Hoffnung" selbst gescheitert ist; die Anerkennung des Zerbrechens der Gemeinschaft des Patienten und seiner Mitwelt. Die Anwesenheit seines Psychiaters beim Suizid ändert nichts am grundsätzlichen Charakter dieser Trennung, im Gegenteil: Sie bekräftigt sie noch.

Diese Überlegungen betreffen vor allem Patienten mit seelischem Leiden. Man könnte freilich die Suizidbeihilfe auf tödliche Krankheiten beschränken. Damit wären aber nicht nur die schon beschriebenen Probleme der Eingrenzung der Berechtigten verbunden. Die Freigabe des assistierten Suizids birgt auch ähnliche gesellschaftliche Risiken wie die aktive Euthanasie – vor allem die Gefahr eines suizidfreundlichen Klimas, durch das sich alte und hinfällige Menschen zur vorzeitigen Lebensbeendigung genötigt sehen könnten. In der Verhinderung eines solchen Klimas liegt der im Einzelfall oft unverständlich anmutende Sinn der Rechtspflicht, auch den Freitod alter und todkranker Menschen grundsätzlich nicht zuzulassen. Aus der Verantwortung für die Schwachen und Selbstunsicheren heraus können wir es nicht zulassen, wenn der selbstgewählte Tod immer wohlwollender bewertet, ja wie in Holland zum „wichtigsten und bevorzugtesten Weg des Todes der Zukunft" stilisiert wird.[30]

Der Fall Chabot kann als Markstein einer Entwicklung angesehen werden, die den assistierten Suizid in den kommenden Jahren ins Zentrum der Diskussion um das selbstbestimmte Sterben in der Medizin rücken wird. Auch wenn man diese Entwicklung nicht begrüßt, ist einzuräumen, daß die Suizidbeihilfe der aktiven Euthanasie nicht ohne weiteres moralisch gleichgesetzt werden darf. Daher kann man sich wohl auch Situationen vorstellen, in denen die Hilfe zur Selbsttötung tatsächlich ein letzter Liebesdienst zwischen zwei vertrauten Menschen sein kann. Die unbedingte Intimität, in der dies geschieht, ist dann allerdings gerade die Voraussetzung für einen solchen Charakter dieser Handlung. Wir sind heute oft zu schnell bei der Hand, „Grauzonen" an das Licht der Öffentlichkeit zerren und in gesetzliche Regelungen pressen zu wollen. Aber das Dunkel der Grauzone ist gerade „die Helligkeit zwischen zwei Menschen".[31] Die Verborgenheit läßt die Verantwortung dort, wo sie hingehört, nämlich bei der individuellen Gewissensentscheidung.

Etwas ganz anderes ist es aber, wenn die Suizidbeihilfe zu einem normalen und geregelten Bestandteil medizinischer Professionalität und damit zu einer Form „virtueller" ärzt-

---

[30] So etwa Diekstra (1996).
[31] So G. Neitzke, Medizinische Hochschule Hannover, in einem persönlichen Gespräch mit dem Autor.

licher Euthanasie wird, wie es das australische Beispiel deutlich gemacht hat. Eine solche Entwicklung wäre auch vom deutschen Recht nicht mehr gedeckt. Dabei sollte es auch bleiben: Mit einer Anerkennung des ärztlich assistierten Suizids als möglicher Option und Anrecht des Patienten sind nicht nur die gleichen Gefahren verbunden wie bei der aktiven Euthanasie. Eine solche Option würde darüber hinaus auch psychisch bedingtes Leiden in den Bereich akzeptabler Gründe für eine reguläre vorzeitige Lebensbeendigung rücken. Die Antwort des Arztes auf Todeswünsche, gleich welcher Ursache, darf daher weder die Tötung noch die Beihilfe zur Selbsttötung sein.

Sterbenkönnen

Wer ein langes und möglichst alle Argumentationen bedenkendes Plädoyer gegen die Euthanasie hält, begibt sich immer in die Gefahr des Rigorismus; er setzt sich nur zu leicht dem Vorwurf aus, den Menschen in ihren realen Nöten und Ängsten nichts zu sagen zu haben. Bis zu einem gewissen Grad ist dies unvermeidlich: Er beharrt ja darauf, den notleidenden Menschen eben nicht durch das letzte Mittel von seinem Leiden zu „erlösen". Ein solcher Standpunkt verlangt immer Härte, auch gegen sich selbst. Freilich darf diese Härte nicht zur Unerbittlichkeit werden. Sie muß gemildert sein durch das Verständnis für die Argumente der anderen, durch Mitgefühl für die Not sterbender Menschen, für die tiefe Tragik des menschlichen Daseins. Vor allem muß, wer sich gegen Euthanasie ausspricht, immer auch die Frage stellen, ob in unserer Gesellschaft wirklich genug getan wird, um das Sterben so erträglich wie möglich zu machen. Diesem Thema ist der folgende Abschnitt gewidmet.

Passive Sterbehilfe bedeutet, bei einem tödlich Erkrankten, dessen Grundleiden einen irreversiblen Verlauf genommen hat, die der Lebensverlängerung dienende Behandlung einzustellen. Dies kann darin bestehen, unter Aufrechterhaltung der sogenannten Basispflege auf die Verlegung in eine Intensivstation zu verzichten; eine zusätzlich auftretende Erkrankung wie eine Lungenentzündung nicht mehr mit Antibiotika zu behandeln; alle therapeutischen und diagnostischen Eingriffe bis hin zu Labortests zu unterlassen, sofern sie nicht das Sterben erleichtern; es kann auch bedeuten, eine begonnene intensivmedizinische Behandlung, etwa die künstliche Beatmung abzubrechen.

So einleuchtend dies klingt, darf man es sich in der Praxis doch nicht zu einfach vorstellen: Ab welchem Zeitpunkt soll eine Lungenentzündung bei einem schwer Demenzkranken nicht mehr behandelt werden – wenn er nur noch wenige Wochen, noch wenige Monate oder auch wenn er noch ein Jahr zu leben hätte? Wann ist ein Krebsleiden, das mit größter Wahrscheinlichkeit irgendwann zum Tode führt, tatsächlich so „terminal", so daß Therapien unterbleiben können – etwa eine kurze intensivmedizinische Behandlung, die dem Patienten vielleicht noch einmal einige Wochen oder gar Monate wachen und bewußten Lebens ermöglichen könnte, in der er noch wesentliche Dinge in seinem Leben zum Abschluß bringen kann?

Hier erscheint ein Umdenken bei Ärzten ebenso wie bei Patienten erforderlich: Diese Verantwortung muß mehr und mehr der Patient selbst übernehmen und auch übernehmen dürfen. Um es zugespitzt zu sagen: Wenn wir nicht in Kauf nehmen, daß sich Menschen durch eigene Entscheidungen oder schriftliche Vorabverfügungen möglicherweise sogar um eine akzeptable oder wertvolle Lebenszeit bringen, dann werden wir der Euthanasieforderung nichts Wirksames entgegenzusetzen haben. Der oben entwickelte grundlegende Unterschied in der biologischen und interpersonalen Bedeutung von Töten und Sterbenlassen zeitigt nun seine Konsequenz: So wenig der Patient den Arzt als Instrument seines Tötungswunsches gebrauchen darf, so wenig ist der Arzt umgekehrt berechtigt, den Willen des Patienten zu übergehen, wenn es um dessen natürliches, aus der Krankheit resultierendes Sterben geht. Sein Sterbenkönnen hat grundsätzlich Vorrang gegenüber der möglichen Lebensverlängerung.

Nach wie vor gilt jedoch in der ärztlichen Ethik der Grundsatz: Im Zweifel das Leben erhalten, es also auch verlängern. Er beherrscht das ärztliche Denken in solchem Maße, daß sich der Gedanke der Patientenautonomie demgegenüber noch nicht wirklich zur Geltung zu bringen vermag. Im konkreten Fall werden sich die meisten Ärzte immer noch für vielleicht riskante, aber nicht völlig aussichtslose Therapie entscheiden, wenn es keine sicheren Anhaltspunkte für einen gegenteiligen Willen des Patienten gibt. Und obwohl die meisten Richtlinien zur passiven Sterbehilfe eine Berücksichtigung des tatsächlichen oder mutmaßlichen Patientenwillens vorsehen, behalten sie der ärztlichen Kompetenz doch die letzte Entscheidung vor.

Sogenannte „Patiententestamente" stoßen bei Intensivmedizinern immer noch auf Skepsis: Kein Patient könne in gesunden Zeiten vorhersehen, wie er im Ernstfall reagieren und entscheiden würde. Das ist zwar an sich richtig, und es ist eine Erfahrungstatsache, daß der gesunde Mensch dem Wert des zu Ende gehenden Lebens eine geringere Bedeutung beimißt als der Kranke. Aber darauf kommt es gar nicht entscheidend an. Der Arzt kann wohl besser beurteilen, welche Behandlung zu welchem Ergebnis führt; aber er darf sich nicht anmaßen, besser zu wissen, was für den Patienten gut ist, als dieser selbst. Die Entscheidung, ob eine Lebensverlängerung für einen Menschen noch ein Gut darstellt, ist nicht mehr auf medizinischer Basis zu treffen. Daher geben frühere diesbezügliche Äußerungen des Patienten eine Richtlinie vor, deren Gültigkeit nur in begründeten Fällen in Zweifel gezogen werden sollte. Der Arzt ist nicht Diener des Lebens, sondern Diener des lebenden Menschen.

In *diesem* Sinn ist der Primat des unbedingten Lebensschutzes tatsächlich nicht mehr aufrechtzuerhalten. Bereits in einem Urteil des Bundesgerichtshofs vom 8.5.1991 heißt es unmißverständlich:

„Kann der todkranke Patient nicht mehr selbst entscheiden und wird für ihn auch kein Pfleger (nach heutigem Recht Betreuer, d.Vf.) bestellt, so ist sein mutmaßlicher Wille und nicht das Ermessen der behandelnden Ärzte rechtlicher Maßstab dafür, welche lebensverlängernden Eingriffe zulässig sind und wie lange sie fortgesetzt werden dürfen. Die Ausschöpfung intensivmedizinischer Technologie ist, wenn sie dem wirklichen oder anzunehmenden Patientenwillen widerspricht, rechtswidrig."

Im gleichen Sinn ist auch das Urteil des Bundesgerichtshofs vom 13.9.1994 über den Abbruch künstlicher Ernährung bei einer schwerst-hirngeschädigten 72jährigen Frau zu verstehen. Darin wurde zum ersten Mal höchstrichterlich anerkannt, daß auch bei einer Person, die sich nicht im akuten Sterbeprozeß befindet, unter bestimmten Voraussetzungen lebenserhaltende Maßnahmen abgebrochen werden dürfen.[32] Zugleich wertete das Gericht den Gedanken der

---

[32] Ob zu diesen Maßnahmen auch die künstliche Ernährung gehört, ist eine derzeit intensiv diskutierte und umstrittene Frage. Sie spielt insbesondere bei Patienten im sogenannten Wachkoma eine Rolle, das mitunter über Jahre andauern kann; oft besteht dabei die einzige unmittelbar lebenserhaltende Maßnahme in der Sondenernährung. Der soeben erschienene Entwurf der Bundesärztekammer zu neuen Richtlinien der Sterbehilfe schließt bei erklärtem oder mutmaßlichem Patientenwillen die Möglichkeit einer passiven Sterbehilfe durch Nahrungsentzug nicht explizit aus. Freilich kann man auch den Standpunkt vertreten, daß die Gewährung von

Patientenautonomie und die Rechtskraft von Vorabverfügungen deutlich auf. In Zukunft wird sich kein Arzt mehr auf vermeintliche Rechtspflichten berufen können, wenn er auf einer Intensivstation Lebensverlängerung nach eigenem Gutdünken betreibt. Nicht nur eine alltägliche Operation bedarf der Einwilligung des Patienten, sondern auch die medizinisch-technische Lebenserhaltung kann immer nur mit Einverständnis des Patienten erfolgen. Anderenfalls macht sich der Arzt hier wie bei jedem Eingriff der Körperverletzung schuldig. Der Kranke ist kein Objekt ärztlicher Fremdbestimmung. Wo er auf die Lebenserhaltung verzichtet und dabei nicht durch psychische Krankheit offenkundig in seiner freien Willensbestimmung beeinträchtigt ist, hat der Arzt nicht das Recht, ihn zum Weiterleben zu zwingen – selbst dann nicht, wenn die Möglichkeit einer nochmaligen Besserung mit einer akzeptablen „zusätzlichen" Lebenszeit bestünde. Der Patient hat dann eben auch auf diese Chance verzichtet.

Nun ist diese Abwägung einem bewußtlosen oder nicht mehr kompetenten, z.B. dementen Patienten nicht möglich. Aber auch dann sollten entsprechend abgefaßte und bezeugte Patientenverfügungen, aus denen auch der Vorabverzicht auf diese Chance deutlich hervorgeht, dem Arzt eine bindende Richtlinie vorgeben, die er nicht ohne wirklich triftigen Grund verlassen darf. Eine vielleicht noch sicherere Möglichkeit besteht darin, durch eine *Betreuungsverfügung* eine Person des Vertrauens zu bestellen, die dann im Fall eingetretener Entscheidungsunfähigkeit vom Vormundschaftsgericht als Betreuer eingesetzt wird, um die erforder-

---

Nahrung zu den Grundverpflichtungen gehört, die wir anderen Menschen gegenüber haben, und nicht Teil der medizinischen Behandlung im eigentlichen Sinne ist. Wie man dazu auch stehen mag: Ein „Dammbruch" zur aktiven Euthanasie hin, wie ihn manche im Fall einer Sterbehilfe durch Nahrungsentzug gegeben sehen, scheint mir hier nicht zu drohen, da der Sinngehalt des Handelns eindeutig im *Sterbenlassen* besteht.

lichen Entscheidungen zu treffen (§§ 1896 ff. BGB). Beide Verfügungen könnten auch miteinander kombiniert werden, etwa in der Form:

„Sollte ich im Verlauf einer schweren Krankheit dauerhaft entscheidungs-, äußerungsunfähig oder bewußtlos werden, so soll mein Mann / meine Frau zum Betreuer / zur Betreuerin für mich bestellt werden. Ich möchte in diesem Fall keine lebensverlängernden Maßnahmen mehr, sondern es soll nur die Grundversorgung sichergestellt werden, bis der natürliche Tod eintritt."

Wenn es gelänge, solche Verfahren sowohl rechtlich wie standesethisch, vor allem aber auch „in den Köpfen" zu verankern, wäre die Autonomie des Patienten als wichtigster Pfeiler moderner medizinischer Ethik gestärkt; und es würde ein großer Teil der Angst vor der Macht der Medizin behoben, die wesentlich hinter der Forderung nach aktiver Euthanasie steht.

Schmerzbehandlung mit Todesfolge
(„indirekte Euthanasie")

Wie wir zu Beginn feststellten, gehört die Schmerzbehandlung mit möglicher Todesfolge als „erlaubtes Risiko" zu den nach juristischer Auffassung legitimen Maßnahmen des Arztes. Der häufig zu hörende Vorwurf, hier werde unter einem anderen Etikett nichts anderes als aktive Euthanasie betrieben, erfordert eine wenigstens kurze Diskussion.

Die Gabe von Opiaten gegen starke Schmerzen hat wie jede Behandlung ein dosisabhängiges Nebenwirkungsrisiko. Nach ärztlicher Erfahrung und Beobachtung der Wirkung am Patienten kann jeweils ein ungefährer Dosisbereich mit nicht auszuschließender, wahrscheinlicher oder weitgehend sicherer Todesfolge angenommen werden. Die fließenden Übergänge ändern nichts daran, daß sich der Arzt wohl bewußt ist, mit welcher Intention er die jeweilige Dosis verabreicht. Die Injektion einer voraussichtlich tödlichen Dosis kommt in der Tat der Injektion eines tödlichen Herzgiftes wie Kaliumchlorid gleich; denn wie schon Paracelsus sagte: „Die Dosis macht's, ob ein Mittel ein Heilmittel oder ein Gift ist." Der Arzt kann sich dann nicht mehr auf die Schmerzbekämpfung als primäre Intention berufen.

Die Abgrenzung der „indirekten Sterbehilfe" gegenüber der aktiven Euthanasie ergibt sich also letztlich durch die fehlende Tötungsabsicht des Arztes. Ob dabei diese Absicht „primär" oder „sekundär" ist, spielt keine Rolle. Der vorzeitige Tod kann ein Risiko der Behandlung sein; sobald der Arzt aber den Tod des Patienten als *sehr wahrscheinliche* Folge seiner Maßnahme voraussieht, muß sein Handeln als aktive Euthanasie betrachtet werden. Deshalb sind bei der Untersuchung in den Niederlanden nicht nur die Fälle der aktiven Euthanasie zuzurechnen, in denen der Tod das „ausdrückliche" Ziel der Opiatgabe war (vgl. Tab. 1, p. 42), sondern eigentlich auch die, in denen er „teilweise" beabsichtigt war. – Die objektive Beurteilung des jeweiligen Vorgehens, nämlich aufgrund allgemeiner ärztlicher Erfahrung nach der Höhe der verabreichten Medikamentendosis, ist allerdings nur begrenzt möglich; im Einzelfall kann somit eine Abgrenzung „von außen" gegenüber der aktiven Euthanasie nicht immer gezogen werden.

Wird hier dann nicht der Heuchelei und Unehrlichkeit Vorschub geleistet oder gar das Wort geredet? Nein – der Arzt wird nur auf seine eigene Verantwortung und sein eigenes Gewissen zurückverwiesen. Er darf dem Patienten das Sterben erleichtern mit dem Risiko, aber nicht mit der Gewißheit, es zu beschleunigen. Er ist dazu aufgefordert, nach bestem Wissen und Gewissen den schmalen Weg zwischen hartherzigem Leidenlassen auf der einen Seite und leichtfertiger Todesbeschleunigung auf der anderen Seite zu finden. Mehr kann er nicht tun. Dies schließt Unehrlichkeit in der Praxis freilich nicht aus. Aber Heuchelei ist dann

wenigstens „die Verbeugung des Lasters vor der Tugend".
Das will sagen: Sie ist nicht erfreulich, aber wir sollten sie
doch eher hinnehmen, als um der radikalen Ehrlichkeit willen den Maßstab des Guten aufzugeben. Das Gute kann
hier nicht erzwungen werden, sondern nur durch Beispiel
wirken. Davon berichtet der nächste Abschnitt.

Für ein menschliches Sterben –
die Hospizbewegung

Die Hospizbewegung entstand Ende der 60er Jahre in England aus dem Bestreben heraus, der Anonymisierung des
Sterbens in der Gesellschaft entgegenzuwirken. Sie will
Räume der Geborgenheit schaffen, um Sterbende auf ihrem
letzten Weg medizinisch, psychologisch und seelsorgerlich
zu begleiten, so wie einst die mittelalterlichen Hospize
Pilgern und Reisenden Herberge gaben. Cicely Saunders
gründete 1967 das „St. Christopher's Hospice" in London;
in Deutschland kam es erst 1985 zur ersten Hospizgrün-
dung. Inzwischen gibt es hierzulande knapp zwei Dutzend
stationäre und etwa 70 ambulante Hospizeinrichtungen.
Dazu kommen inzwischen zahlreiche „Palliativstationen"
in Krankenhäusern (palliativ = schützend). Hier werden
Patienten mit einer nicht mehr abzuwendenden tödlichen
Erkrankung mit veränderter Zielsetzung behandelt: Linderung physischer und psychischer Leidenszustände statt
Lebensverlängerung. Dabei werden auch neue Verfahren
der medikamentösen, körper- und psychotherapeutischen
Schmerzbehandlung erprobt und weiterentwickelt. Grund-
prinzip der Hospizbewegung ist die enge Verbindung vor-
übergehender stationärer Behandlung zur optimalen Einstellung vor allem der Schmerztherapie mit der baldmög-
lichen Betreuung in der häuslichen Umgebung, die in Koor-
dination von speziell ausgebildeten Pflegern, Laienhelfern
und Angehörigen erfolgt. Ein Hospiz ist demnach kein

„Sterbehaus", sondern eine zur Gemeinde hin offene und auf ambulante Betreuung orientierte Einrichtung.

Palliativmediziner und Hospizangehörige gehören verständlicherweise zu den Hauptgegnern einer Freigabe der Euthanasie. Namhafte Vertreter dieser noch jungen medizinischen Disziplin weisen darauf hin, daß die Möglichkeiten moderner Schmerzbekämpfung gerade in Deutschland noch bei weitem nicht ausgeschöpft sind. Mehr als 90% der vor allem von Krebspatienten am meisten gefürchteten Schmerzzustände lassen sich bereits mit einfachen Mitteln gut behandeln, ohne daß der Patient dadurch benommen oder betäubt wird. Für die anderen stehen invasivere oder auch psychotherapeutische und Akupunktur-Verfahren zur Verfügung. Auch die Vorstellung eines qualvollen Erstickens, die selbst Mediziner noch mit fortschreitenden Lähmungserkrankungen wie etwa der Amyotrophen Lateralsklerose verbinden, ist unbegründet: Auch ohne maschinelle Beatmung kann die Atemnot im Endstadium durch geeignete Medikamente so weitgehend gemildert werden, daß der Patient ohne Krämpfe durch einen zunehmenden Anstieg des Kohlendioxids, sozusagen durch eine Selbstnarkose schlafend und friedlich sterben kann. Die akuten Schmerzen und körperlichen Symptome lethaler Erkrankungen können demnach heute weitestgehend kontrolliert oder bis zur Erträglichkeit gemildert werden, ohne dem Patienten gleichzeitig das Bewußtsein zu nehmen. Allerdings setzt dies eine gut funktionierende und kompetente palliativmedizinische Betreuung voraus, die hierzulande noch keineswegs überall gewährleistet ist.

Die Hospizbewegung beginnt bei Ärzten und Pflegenden auch ein Bewußtsein dafür zu bilden, daß die intensive menschliche Betreuung von Sterbenden ihr Wohlbefinden entscheidend beeinflußt. Nach den Erfahrungen in Hospizeinrichtungen ebenso wie bei der häuslichen Betreuung Sterbender kann der Wunsch nach einem raschen Ende durch einfühlsames Eingehen auf den Patienten, seine Ängste und Einsamkeitsgefühle in den meisten Fällen aufgefangen werden. Gerade Würdelosigkeit und Abhängigkeit, die in den Niederlanden so häufige Motive für den Euthanasiewunsch darstellen, sind als zwischenmenschliche Erfahrungen in hohem Maße vom Verhalten der Umgebung beeinflußt. In diesem Zusammenhang ist auch von Bedeutung, daß es die ursprünglich aus England stammenden Hospize in den Niederlanden bislang nicht gibt. Zwar fehlt es auch in anderen westlichen Ländern noch bei weitem an ausreichenden Betreuungsmöglichkeiten für Sterbende. Eine Freigabe der Euthanasie, so steht zu befürchten, würde aber die Bemühungen um einen Ausbau der Palliativmedizin und um weitere Fortschritte bei der medizinischen und psychotherapeutischen Behandlung Sterbender erlahmen lassen.

Freilich gelingt die Schmerzbekämpfung bei einer geringen Anzahl von Patienten dennoch nicht in befriedigendem Maße. Auch gehören zu den Leiden des Sterbenden nicht nur Schmerzen und andere Symptome wie Schwäche, Übelkeit, Schluck- und Atembeschwerden, sondern auch Gefühle des Selbstüberdrusses und -ekels, der Lebensmüdigkeit und Resignation, die sicher nicht in allen Fällen einer Behandlung zugänglich sind. Selbst in Hospizen gibt es Patienten, die ihren Sterbewunsch aufrechterhalten. Die Bemühungen um ein menschliches Sterben in unserer Gesellschaft, so bedeutsam sie im Zusammenhang mit der Euthanasiediskussion sind, werden nie verhindern können, daß einzelne Menschen aufgrund des Verbots der Euthanasie eine Last tragen müssen, deren Notwendigkeit sie nicht einsehen, und die sie damit als Zumutung und moralische Grausamkeit empfinden.

Was hinter der Euthanasiedebatte steht

> Warum schenkt er dem Elenden Licht
> und Leben denen, die verbittert sind?
> Sie warten auf den Tod, der nicht kommt,
> sie suchen ihn mehr als verborgene Schätze.
> Sie würden sich freuen über einen Hügel;
> fänden sie ein Grab, sie würden frohlocken.
>
> Hiob 3, 20–22

„Henricus Johannes Maria de Mol war ein Mann, der nichts dem Zufall überlassen wollte. Schon gar nicht den eigenen Tod." – So beginnt ein Zeitungsbericht über einen krebskranken Patienten in den Niederlanden, der von seinem Arzt auf wiederholten Wunsch hin getötet wurde. Darin zeigt sich eine für die Euthanasie-Debatte entscheidende Grundhaltung: Emanzipation von den Wechselfällen des Lebens, den Unwägbarkeiten des Leibes, der Unvollkommenheit der Natur; Machbarkeit oder jedenfalls Planbarkeit der Zukunft – das ist das neuzeitliche Ideal der Lebensführung. Zukunft als das, was unvorhergesehen auf uns „zukommt", uns „zufällt", und zwar oft störend, das Gewohnte und Vertraute durchbrechend, uns in Frage stellend – eine solche Zukunft erscheint irrational, unnötig und ärgerlich. Lieber sich der Zukunft ganz verweigern, als sich ihr ausliefern; erst recht wenn sie anscheinend nur noch Leiden bereithält. Das trotzig verkündete „Recht auf den eigenen Tod" ist die Flucht nach vorn in eine Allmachtsphantasie, die die stärkeren Bataillone des Todes nicht anerkennen will. Die Lockerung und Aufhebung des Tötungsverbots scheint daher zunächst unvermeidlich in einer Gesellschaft, in welcher der Glaube an ein Leben nach dem Tod fragwürdig geworden ist und einem Leidenszustand, der nicht mehr ins Leben zurückführt, kein Sinn mehr abgewonnen werden kann.

Nun ist es eine Grunderfahrung jedes wachen und nicht ganz oberflächlich lebenden Menschen, daß Krisen- und Leidenszeiten besondere Entwicklungsmöglichkeiten darstellen, auch wenn sie mit Schmerzen, Qualen, ja manchmal sogar mit Hoffnungslosigkeit und Verzweiflung verbunden sind. Warum sollte die letzte Lebenszeit davon ausgenommen sein? Nur weil sie mit dem Tod endet? Der Sinn, den ich im Leiden finden kann, liegt sicher nicht in erster Linie darin, daß es mir hinterher „bessergeht", sondern daß ich eine Erfahrung gemacht habe, die meinem Leben noch eine andere Dimension, eine andere Tiefe gibt; eine Erfahrung, die sich nicht noch einmal teleologisch als Vorteil-für-später verbuchen läßt. Viktor Frankl hat von „Einstellungswerten" gesprochen, die der Mensch auch dann noch realisieren kann, wenn ihm Erlebniswerte und schöpferische Werte nicht mehr erreichbar sind. Die Autobiographie Nelson Mandelas, der Jahrzehnte seines Lebens in südafrikanischen Gefängnissen saß, gibt davon ein Beispiel.

Das Sterben und der Tod wird sich immer unserer Verfügung entziehen, ganz gleich welche Vorsorge wir dafür oder dagegen treffen. Gerade im Sterben aber kann sich eine höchste Form menschlicher Freiheit und Würde realisieren, die Freiheit, sich zu seinem Schicksal zu verhalten und es „aktiv zu erleiden"[33] Man wird dem entgegenhalten, daß solche menschliche Größe Ausnahme sei und niemandem gegen seinen Willen abverlangt werden könne. Das ist richtig, und keinem steht es an, von der Sinnerfahrung in einem leidvollen Sterben zu predigen, weil er ja selbst die letzte Probe aufs Exempel noch nicht abgelegt hat, was er auch sonst erlebt haben mag. Und doch muß davon gesprochen werden, nicht als Argument gegen die Tötung auf Verlangen, sondern weil es in der ganzen Debatte im Grunde um

---

[33] Den Gedanken des „Leidens als Akt" in der Struktur des Sterbens hat Robert Spaemann im Kapitel „Tod und Futurum exactum" seines Buches „Personen" entwickelt (Spaemann 1996, p. 123 ff.).

Mut und Vertrauen geht; weil es die Zweifelnden zu ermutigen gilt und nicht zuletzt die Helfenden, die auch angesichts der Verzweiflung des Todkranken an der Gemeinschaft mit ihm festhalten und seinem Tötungswunsch nicht nachgeben wollen. Denn der Lebenswille des Patienten braucht ein menschliches Gegenüber, eine Umgebung, die ihn dessen versichert, daß er immer noch die Person ist und bleiben wird, die er vor seiner Erkrankung war.

Eine solche Haltung setzt freilich ein tiefes Grundvertrauen in das Leben voraus. Ja, der „Sinn" des Leidens besteht wohl überhaupt nicht in irgendeinem ihm entnommenen Resultat, sondern vielleicht eher darin, daß er dieses Vertrauen auf die Probe stellt und gerade dadurch wachsen läßt. Ein solches Vertrauen aber schöpft letztlich niemand aus sich selbst; so wie sich nur durch die Erfahrung der mütterlichen Liebe das „Urvertrauen" in die Welt bilden kann, so bedarf Vertrauen immer wieder der Gemeinschaft mit den anderen, aus der es sich nährt. – Nun steht es darum heute nicht zum besten. Die Beziehungen der Menschen zueinander sind fragiler und unsicherer geworden. Die gegenüber früher gewonnene Freiheit hat vielfach den Charakter der Unverbindlichkeit; sie ist noch nicht die Freiheit zur Bindung geworden, die den wirklich freien Menschen ausmacht. Man stirbt aber so, wie man gelebt hat; das Sterben zeigt uns die Wahrheit über uns und unsere Beziehungen. Es ist einsamer und dadurch auch grausamer geworden. Die Forderung nach Euthanasie wäre konsequent, wenn der Prozeß der Individualisierung tatsächlich immer weiter fortschritte, bis am Ende jeder sich selbst der Nächste wäre. Allerdings braucht man keine prophetischen Gaben, um vorauszusehen, daß die Vereinzelung an ihre Grenzen gelangen wird und daß dann neue Formen von Gemeinschaft und gegenseitiger Verantwortung gesucht und gefunden werden. Insofern fällt die Forderung nach Euthanasie in eine Umbruchzeit.

In der gegenwärtigen Situation scheint die Tötung auf Verlangen noch die folgerichtige Antwort auf den Verlust von Vertrauen und Gemeinschaft zu sein. Keiner möchte hilflos, einsam und angewiesen auf andere sterben, die er nicht mehr wirklich in seiner Nähe weiß; dann lieber „nichts dem Zufall überlassen" und rechtzeitig abtreten. Aber wollen wir unserer Gesellschaft, ja uns selbst dieses Scheitern mitmenschlicher Gemeinschaft wirklich attestieren und es resignierend zum Gesetz machen? Das hieße die innere Vereinsamung und die äußere Kälte nicht nur festschreiben, sondern noch vergrößern. Denn man täusche sich nicht über einen möglicherweise geringen Anteil der Todesfälle durch Euthanasie: Wie eine Gesellschaft mit den Resignierten, Hoffnungslosen und Verzweifelten umgeht, das vor allem prägt den menschlichen Umgang ihrer Mitglieder, und nicht der problemlose Lebensverlauf oder das sanftere Sterben der meisten.

Wir können das Grundvertrauen, von dem gesprochen wurde, wie ein großes Haus ansehen, das wir alle gemeinsam bewohnen. Der Bestand dieses Hauses hängt davon ab, daß es der Gemeinschaft nicht gleichgültig ist, ob einer der Ihren, und sei es der Armseligste, aus dem Fenster springt; daß nicht stillschweigendes Einverständnis herrscht oder beifällig genickt wird, wenn er erklärt, dies tun zu wollen; und daß ihm erst recht nicht das Fenster dazu geöffnet oder gar auf seinen Wunsch noch ein Stoß gegeben wird, der ihn fallen läßt. Die Menschen werden die Fenster des Hauses nicht vergittern, aber sie werden, solange der Ihre noch auf dem Fensterbrett steht, ihm die Hand hinreichen, damit er sie nimmt und bei ihnen bleibt. Und sie werden ihm immer zu verstehen geben, daß er bis zum letzten Augenblick seines Lebens ebenso wichtig ist wie alle anderen.

Literatur

Améry, Jean (1976), Hand an sich legen. Diskurs über den Freitod, Stuttgart: Klett-Cotta.

Battin, M.P. (1992), Assisted Suicide: Can we learn from Germany?, in: Hastings Center Report 22, pp. 44-51.

Binding, K. / Hoche, A. (1920), Die Freigabe der Vernichtung lebensunwerten Lebens. Ihr Maß und ihre Form, Leipzig: Meiner.

Callahan, D. (1992), When self-determination runs amok, in: Hastings Center Report 22, pp. 52–55.

Diekstra, R.F.W. (1996) Sterben in Würde: Über das Für und Wider der Beihilfe zum Suizid, in: Anschütz, F. / Wedler, H.-L. (Hrsg.), Suizidprävention und Sterbehilfe, Berlin/Wiesbaden: Ullstein Mosby, pp. 179-206.

Dörner, K. (1988), Tödliches Mitleid, Gütersloh.

Eser, A. (1995), Möglichkeiten und Grenzen der Sterbehilfe aus der Sicht eines Juristen, in: Jens/Küng (1995), pp. 149–181.

Fuchs, T. (1997), Was heißt ‚töten‘? Die Sinnstruktur ärztlichen Handelns bei passiver und aktiver Euthanasie, in: Zeitschrift für Ethik in der Medizin (im Druck).

Gevers, S. (1995), Physician assisted suicide: New developments in the Netherlands, in: Bioethics 9, pp. 309–312.

Griffiths, J. (1995), Assisted Suicide in the Netherlands: The *Chabot* Case, in: The Modern Law Review Limited, Oxford and Cambridge/Mass: Blackwell, pp. 232–248.

Haasnot, K.J.P. (1996), Entwicklung der aktiven Sterbehilfe in den Niederlanden, in: Hartmannbund – Verband der Ärzte Deutschlands (Hrsg.), Europa gegen Euthanasie. Dokumentation einer Initiativ-Veranstaltung in Bonn am 9.5.1996.

Harris, J. (1985), The value of life, London: Routledge and Kegan Paul.

Jens, W. / Küng, H. (1995), Menschenwürdig sterben. Ein Plädoyer für Selbstverantwortung, München/Zürich: Piper.

Keown, J. (1994), Further reflections on euthanasia in the Netherlands in the light of the Remmelink report and the van der Maas survey, in: L. Gormally (Hrsg.), Euthanasia, clinical practise and the law, London, pp. 219–239.

Keown, J. (1995), Euthanasia in the Netherlands: sliding down the slippery slope?, in: J. Keown (Hrsg.) Euthanasia Examined. Ethical, Clinical and Legal Perspectives, Cambridge University Press, pp. 261–296.

Klotzko, A.J. (1995), Arlene Judith Klotzko and Dr. Boudewijn Chabot Discuss Assisted Suicide in the Absence of Somatic Illness, in: Cambridge Quarterly of Healthcare Ethics 4, pp. 239–249.

Kuhse, H. (1987), The sanctity-of-life-doctrine in medicine. A Critique, Oxford: Clarendon Press.

Kuhse, H. (1990), Warum Fragen der aktiven und passiven Euthanasie auch in Deutschland unvermeidbar sind, in: Deutsches Ärzteblatt 87, pp. 913–920.

Ogilvie, A.D. / Potts, S.G. (1994), Assisted suicide for depression: the slippery slope in action?, in: British Medical Journal 309, pp. 492–493.

Lévinas, E. (1987), Totalität und Unendlichkeit, Freiburg: Alber.

Ryan, C.J. / Kaye, M. (1996), Sounding Board: Euthanasia in Australia – The Northern Territory Rights of the Terminally Ill Act, in: New England Journal of Medicine 334, pp. 326–328.

Singer, P. (1984), Praktische Ethik, Stuttgart: Reclam.

Spaemann, R. (1996), Personen. Versuche über den Unterschied zwischen ‚etwas' und ‚jemand', Stuttgart: Klett-Cotta.

Stewart, G. (1996), Erster legaler Fall von Sterbehilfe in Australien. Süddeutsche Zeitung Nr. 224 / 27.09.1996.

Ten Have, H.A.M.J. / Welie, J.V.M. (1993), Euthanasie – eine gängige medizinische Praxis? Zur Situation in den Niederlanden, in: Zeitschrift für medizinische Ethik 39.

Twycross, R.G. (1990), Assisted death – a reply. Lancet II, pp. 796–798.

Van Delden, J.J.M. / Pijnenborg, L. / van der Maas, P.J. (1993), The Reemmelink Study Two Years Later, Hastings Center Report 23, pp. 24–26.

Van der Maas, P.J. / van Delden, J.J.M. / Pijnenborg, L. / Looman, C.W.N. (1991), Euthanasia and other medical decisions concerning the end of life. Lancet II, pp. 669–674.

Van der Maas, P.J. / van Delden, J.J.M. / Pijnenborg, L. (1992), Euthansia and other medical decisions concerning the end of life, in: Health Policy 22, 1–2, pp. 1–162.

Van der Maas, P.J. / van der Wal, G. / Haverkate, I. et al. (1996), Euthanasia, physician-assisted suicide, and other medical practices involving the end of life in the Netherlands, 1990–1995, in: New England Journal of Medicine 335, pp. 1699–1705.

Van der Wal, G. / van Eijk, J.T.M. / Leenen, H.J.J. / Spreeuwenberg, C. (1992), Euthanasia and assisted suicide II. Do Dutch family doctors act prudently?, in: Family Practice 9, pp. 135–140.

Van der Wal, G. / van der Maas, P.J. / Bosma, J. et al. (1996), Evaluation of the notification procedure for physician-assisted death in the Netherlands, in: New England Journal of Medicine 335, pp. 1706–1711.

Wachter, M.A.M. de (1992), Euthanasia in the Netherlands, in: Hastings Center Report 22, pp. 23–30.

Was führt zur Tötungsenthemmung? Psychologische Betrachtung von Handlungsmotiven tötender Ärzte

von Martin Schmidt

> „Das Beste,
> was man für einen anderen Menschen tun kann,
> ist doch immer, was man für ihn ist."
>
> (Adalbert Stifter)

Philippe Ariès prägte in den 70er Jahren das Wort von der Ausbürgerung des Todes aus der Gesellschaft. Er meinte damit, daß Tod und Trauer aus dem Bewußtsein der Menschen verdrängt und mit einer gewissen Prüderie behandelt werden. Gesundheit wird zur Pflicht, Krankheiten von Menschen werden allmählich objektiviert und anhand der entstehenden Kosten oder Ausfallzeiten in Mark und Pfennig ausgedrückt. Wer nicht Gesundheit um jeden Preis demonstriert, fällt aus dem Rahmen. Rückzug, Introspektion, Innerlichkeit und Schwächen, Störungen und Krankheiten passen nicht in das Bild eines Tatmenschen, der sich alles zutraut. In diesem Bild ist kein Platz für den Variantenreichtum des Versagens, des Nicht-Könnens, des Unbewältigbaren und Tragischen oder des Leidens und Sterbens.

Die gesellschaftliche Haltung zu Tod und Sterben hat sich ohne Zweifel geändert. In Zusammenhang mit mehr Freizügigkeit in bezug auf das Leben wird auch mehr Freizügigkeit in bezug auf den Tod gefordert. Dies ist Gegenstand der seit Jahren anhaltenden Diskussion um die

„Tötung auf Verlangen". Nun wurde im Verlauf dieser Diskussion von Anfang an eine Parallele zum Nationalsozialismus gezogen. Eine große Gefahr bei der Auseinandersetzung mit der „Tötung auf Verlangen" besteht darin, daß sie in einer Zeit, in der Kostenreduzierung im Gesundheitswesen immer zentraler wird, utilitaristisch beeinflußt wird. Vor allem die noch lebenden Opfer der nationalsozialistischen Medizin und die Behindertenverbände fürchten, daß sich eine moderne „Euthanasie-Bewegung" unaufhaltsam auf „unbrauchbare" Gesellschaftsmitglieder zubewegen könnte. Aus diesem Grunde ist nachvollziehbar, daß Menschen Angst vor Ärzten bekommen, wenn diese bereit sind zu töten. Sie haben Angst vor dem Mißbrauch ärztlicher Macht. Es ist tatsächlich nicht bewiesen, daß eine Gesellschaft in der Lage wäre, eine einmal erlaubte Tötung von Patienten durch Ärzte dann zu stoppen, wenn sie ihr zu weit geht. Zulässige Umstände von Tötungen sind nämlich viel schwerer zu kontrollieren als ein generelles Tötungsverbot. In der Tat ist auch nicht auszuschließen, daß hinter der Auffassung, der wirklich mitfühlende Arzt müsse in der Lage sein, seinen sterbenskranken Patienten zu töten, Handlungsmotivationen liegen, die über das Gefühl des Mitleids weit hinausgehen. Auch besteht zudem die Gefahr, daß Ärzte, wenn sie heute töten, die Entstehung eines Unrechtsbewußtseins mit dem Argument nicht aufkommen lassen, spätere Ärztegenerationen hätten prinzipiell keine spezielle Verpflichtung, die aus den Ereignissen des Dritten Reiches folgt.

Die Situation, daß Ärzte – wie jetzt in Holland – erstmals in der Geschichte der Medizin mit parlamentarischem Einverständnis Patienten zum Teil sogar ohne deren ausdrückliche Einwilligung töten, ist erschreckend. Diese Vorstellung erweckt als erste Reaktion Mißtrauen und Abneigung. Unmittelbar fragt man sich: Was geht in jenen Ärzten vor? Welche Motivationen spielen bei ihrer Tötungsenthemmung eine Rolle?

Bisher liegen keine Befunde darüber vor. Die psychologische Deutung des Phänomens bleibt noch spekulativ. Dennoch wird im folgenden versucht, das Phänomen der Tötungsenthemmung auf psychologische Entstehungsbedingungen hin zu betrachten. Es werden verschiedene Handlungsmotivationen untersucht und die Tötungsenthemmung unter tiefenpsychologischen Denkvoraussetzungen betrachtet. Zunächst wird ein bestimmter Motivationsaspekt beim rationalen Suizid untersucht. Der zweite Teil deutet die Tötungsmotive nationalsozialistischer Psychiater an, und abschließend werden die Gefahren jeglicher Tötungsenthemmung dargestellt, unabhängig von geschichtlichen Besonderheiten. Da diese Betrachtung hauptsächlich in bezug auf die „Tötung auf Verlangen" erfolgt, ist es zunächst sinnvoll, von der Psychologie der Selbsttötung auszugehen. Das Phänomen der Tötungsenthemmung liegt nämlich auch hier vor. Und die „Tötung auf Verlangen" ist ja letztlich Ausdruck eines suizidalen Impulses.

Tötungsenthemmung und rationaler Suizid

Die Befürworter des rationalen Suizides behaupten, er sei im Gegensatz zu pathologischen Formen des Suizides freiwillig – eben ein „Freitod". Prinzipiell habe jeder Mensch das Recht auf den eigenen Tod, und zwar aus den gleichen Gründen, aus denen man ihm das Recht auf Leben zugestehe. Jeder habe das Recht auf ein menschenwürdiges, sanftes Ende, auf einen Tod in ruhiger, hinnehmender Gelassenheit, abseits von Hektik und intensivmedizinischem Ehrgeiz. Zum Recht auf den eigenen Tod gehöre konsequenterweise auch das Recht, den Zeitpunkt dafür selbst zu bestimmen, nämlich dann, wenn man sich mit seinem Suizid von einem überschweren, sinnentleerten, perspektivelosen Leben befreie, dem die uneinsichtige Natur nicht rechtzeitig gegenübergetreten sei. In diesem Moment dürfe man selbst Hand an sich legen und mit der Tötung „den Tod gleichsam ratifizieren"[34]. Nach dieser Auffassung gehört es also zu den Optionen menschlicher Handlungsfreiheit, sich selbst zu töten oder auch sich töten zu lassen. Nun ergibt sich daraus notwendig die Frage, ob man sich denn jemals überhaupt aus freien Stücken suizidieren oder seine Tötung aus freien Stücken verlangen könne?

Es gibt wohl kaum einen Suizidenten, der sich umbringen oder töten lassen würde, ohne in irgendeiner dringenden Notlage zu sein. Das ergibt sich bereits aus der Tatsache, daß Suizide nicht primär deswegen unterbleiben, weil sie für unethisch gehalten würden, sondern weil in der Regel Menschen nicht lebensmüde sind. Auch jene, die scheinbar völlig abgeklärt Tötungshandlungen rational planen und jene, die mit Suizidgedanken drohen oder ihren Suizid und dessen Umstände phantasieren, verdrängen Notlagen, Krisen und Probleme, indem sie auf eine Problemlösung ausweichen, bei der sie sich als Handelnde statt als Erleidende sehen.

Die psychoanalytische Theorie hat dazu ein prinzipielles Erklärungsmodell entwickelt, das u. a. den Vorteil hat, die beängstigende Dynamik der Aggression suizidalen Handelns einzubeziehen. Die psychoanalytische These lautet: Jeder Suizid ist eigentlich ein verhinderter Totschlag. Im Umfeld von Suizidenten gibt es eine Person, die gleichermaßen geliebt und gehaßt wird. Zur Beseitigung der quälenden Ambivalenz wird das Bild dieser Person in die eigene introjiziert und dann im Suizid gemeinsam mit dem eigenen Ich vernichtet. Jean Améry gibt ein Beispiel dafür, daß dieser These ein reales seelisches Phänomen zugrunde liegt. Er sagt: „Der Suizident redet mit seiner Tat den ande-

---

[34] Kamlah, Wilhelm (1976), Meditatio Mortis, Stuttgart: Klett, p. 25.

ren an. Der vergeht mit ihm [...]. Er appelliert genauso, als sei er ebenso fest überzeugt vom Verschwinden der Welt im Kopf, wie von ihrem Weiterlauf [...]."[35] „So bringt sich der Suizident um, gemeinsam mit dem anderen, den er botschaftend anspricht"[36]. Bei der von Améry gemeinten Form von Suiziden liegt der Fall vor, daß durch den Akt der Selbsttötung die gemeinsame Welt mit vernichtet wird. Dieser Gesichtspunkt erklärt, warum Suizide auch gegenüber der Mitwelt immer etwas Grausames an sich haben.

Wer seinen Selbstmord plant, vorbereitet und schließlich auch einen Abschiedsbrief oder ähnliche Signale seiner Einsamkeit hinterläßt, der drückt auch immer etwas von dem Gefühl der Rache aus. So war Alfred Adler z.B. der Auffassung, daß sich der Suizident mit seiner Selbsttötung an der Welt räche für das, was ihm als sinngebender Lebensgrund fehle, während andere von diesen Gründen offensichtlich genug hätten. Rache an der ungerechten Verteilung von Lebensgründen – dies ist ein weiterer Gesichtspunkt in der Handlungsmotivation von Suizidenten – sowohl durch die unbewußt mitgemeinte Tötung anderer als auch durch die Rache gegen die Welt der Hinterbliebenden soll durch den Suizid ein Schatten auf diese Welt geworfen werden.

Für diese subtile, gehemmte, meist unbewußte Aggression gegen Angehörige kann beispielhaft der Abschiedsbrief eines 32jährigen Mannes zitiert werden, der sich strangulierte und zuvor an seine Eltern schrieb: „Falls ich mein Leben aus eigenem Entschluß im Bewußtsein meiner völligen Unselbständigkeit im Leben, meiner in der letzten Zeit immer größer werdenden Lebensfurcht und angesichts meines Versagens im Beruf beenden sollte, so will ich euch für alle Liebe danken, die ihr mir zuteil werden ließet in den

---

[35] Améry, Jean (1994), Hand an sich legen. Diskurs über den Freitod, 7. Aufl., Stuttgart: Klett-Cotta, p. 14.
[36] ibidem, p. 115.

32 verflossenen Jahren meines Lebens, das ich mir nun selbst verekelt habe. Ich bitte euch um Verzeihung, wenn es überhaupt eine solche gibt. Wenn ich mich durch eigene Hand aus diesem Leben entferne, so laßt meine sterblichen Überreste verbrennen und tilgt jede Erinnerung an mich aus, als habe ich nie existiert. Ich hoffe, daß ihr mir diesen Wunsch erfüllt, denn es wäre der letzte in meinem selbstzerstörten Leben."[37]

Auf diese Weise kann man die Hinterbliebenden verunsichern und dauerhaft quälen. Ein Suizid hinterläßt nämlich immer die Frage, ob eine Schuldbeteiligung auch auf ihrer Seite vorliegen könnte und ob sie ihn hätten verhindern können. Nur scheinbar nimmt der Suizident die ganze Schuld für das Scheitern seines Lebens auf sich. Besonders quälend bei der auf diese Art gestellten Schuldfrage ist ihre Unbeantwortbarkeit. Die Frage einer möglichen Mitverantwortung bleibt lebenslang ein unlösbares Rätsel, weil der einzige, der es lösen könnte, sich der Befragung entzogen hat. Mindestens so grausam wirkt in dem zitierten Beispiel das Verlangen, die Angehörigen sollten sich an der Beseitigung der sterblichen Überreste beteiligen. Von jenseits des Grabes wird die Bitte um eine persönliche Gefälligkeit ausgesprochen, die den Angehörigen weh tun muß. Gleichzeitig wird verlangt, daß die Eltern die Erinnerung an ihren Sohn austilgen sollen. Dadurch geschieht gerade das Gegenteil. Ein Suizid hat immer eine besonders eindrückliche Wirkung auf die Umgebung. Durch kaum etwas anderes kann dieser Suizident tiefer in der Erinnerung seiner Eltern bleiben als dadurch, daß er sich umbringt.

An sich selbst kann man beobachten, daß die Autoaggression eines Suizidenten für den außenstehenden Beob-

---

[37] Reiner, Arthur (1994), Das theologische Problem von Selbstmord und Selbstmordverhütung, in: Hermann, Pohlmeier (Hrsg.), Selbstmord-Verhütung, Düsseldorf: Parerga, p. 121.

achter immer etwas Beängstigendes hat. Es kommt also darauf an, den Blick auf das Potential jener auf sich selbst gerichteten, selbstzerstörerischen Kraft zu lenken. Ein wesentlicher Aspekt des sog. Freitodes ist nämlich die Bestrafung des Schicksals und die Bestrafung jener, die es nicht geschafft haben, die Aussichtslosigkeit dieses Schicksals zu verhindern.

Auch für den rationalen Suizid gilt, daß sich das handlungsbestimmende Motiv schließlich doch immer aus einer Qual, einem Leiden, einem Verlust von Fähigkeit oder einem anderen Mangel an das Leben begründenden Sinnumständen ableitet. Die Enthemmung zur Selbsttötung wird dabei auf die Weise vorbereitet, daß in der menschlichen Seele Affekte, Wunschvorstellungen von einem Leben nach dem Tod und Jenseitsphantasien gemeinsam mit auf die Tötung gerichteten Vorstellungen zu einer Art Komplex verbunden werden. Diese Komplexe wirken schließlich so, daß die natürliche Angst vor dem eigentlichen Akt der Selbsttötung überwunden wird.

Tötungsenthemmung und „Gnadentod" im Nationalsozialismus

Die Möglichkeit der Tötungsenthemmung soll nun an einem zweiten Beispiel betrachtet werden. Der Begriff des „Gnadentodes" bezeichnet einen Teilaspekt der Vernichtungsaktionen der nationalsozialistischen Psychiatrie. An der Untersuchung dieses Begriffes soll gezeigt werden, daß Mitleid als Handlungsmotiv bei der Tötung von Patienten durch Ärzte immer nur eine vordergründige Beschreibung der wirklichen Handlungsmotivation war. Tatsächlich läßt sich die Mitleidstötung nationalsozialistischer Psychiater vielfach auf unbewußte Tötungsimpulse zurückführen.

Im Oktober 1939 wurde von Hitler der auf den 01.09.

1939 zurückdatierte „Gnadentod-Erlaß" als offizielle Grundlage zur Tötung von Geisteskranken verfügt. Sämtliche Heil- und Pflegeanstalten erhielten Meldebögen, über welche die Opfer erfaßt und im Reichsinnenministerium gemeldet wurden. Ab 1940 erfolgten daraufhin Transporte in eigens dafür eingerichtete Reichsvernichtungsanstalten. Dort wurden ungefähr 220 000 Menschen durch Gas getötet.

Mit Luminal, Veronal, Trional oder Morphium-Scopolamin wurden psychiatrische Patienten in den Heil- und Pflegeanstalten umgebracht. In aller Regel wurden in einer späteren Phase diese Medikamente den Opfern im Verlauf von einigen Tagen in einer tödlichen Dosis injiziert. Die Patienten fielen in einen tiefen, bleiernen Schlaf, aus dem sie nicht mehr erwachten. Spätestens am dritten Tage waren sie verstorben. Auf diese Weise haben Psychiater und Pflegepersonal bis zum Kriegsende mehrere Tausend der ihnen anvertrauten Patienten getötet.

Ab November 1942 wurde in den Anstalten die sogenannte Hungerkost oder „Entzugs-Kost" eingeführt. In Bayern zum Beispiel war dieser Art des Tötens ein Erlaß des Staatsministeriums den Inneren vorangegangen. Bei der Hungerkost handelte es sich um eine fast fettlose Ernährung, die hauptsächlich nur aus gekochtem Gemüse und Wasser bestand. Die Aushungerung der Patienten vollzog sich im Laufe von durchschnittlich 6 bis 10 Wochen. Dieser Hungerkost fielen vermutlich 5000 Menschen im deutschen Reich zum Opfer.

Maßgebende NS-Psychiater hatten in den Mittelpunkt ihrer Handlungsmotivation das Mitleidsmotiv gestellt, um ihre Mitwirkung an diesen Tötungsaktionen zu rechtfertigen. So gab zum Beispiel Valentin Faltl-hauser, der Direktor der Heil- und Pflegeanstalt Kaufbeuren, im Protokoll seines Strafprozesses folgendes an:

„Mein Handeln geschah jedenfalls nicht in der Absicht

eines Verbrechens, sondern im Gegenteil von dem Bewußtsein durchdrungen, barmherzig gegen die unglücklichen Geschöpfe zu handeln, in der Absicht, sie von einem Leiden zu befreien, für das es mit den heute uns bekannten Mitteln keine Rettung gibt, keine Linderung gibt, also in dem Bewußtsein, als wahrhafter und gewissenhafter Arzt zu handeln. Wer selbst die Furchtbarkeit solchen Geschickes, des Herabsinkens zum Tier in hunderten und aberhunderten Fällen während einer langen Tätigkeit im Dienste Geisteskranker erfahren hat, ja wer selbst wie ich, in seiner eigenen Familie die Furchtbarkeit eines solchen Geschickes erlebt [...] hat, nur der weiß zu begreifen, daß ein solches Handeln der Euthanasie kein Verstoß gegen Menschlichkeit sein kann, sondern gerade das Gegenteil."[38]

Faltlhauser war sowohl überzeugter Sozialpsychiater als auch überzeugter nationalsozialistischer Arzt. Als Sozialpsychiater hatte er das Mitleidsmotiv, als nationalsozialistischer Arzt die Rassenhygiene verinnerlicht. Er glaubte an einen moralischen Auftrag, wenn er seine Patienten tötete, da er in der Dimension ihres Leidens ein Verlangen nach Erlösung erlebt hatte. Dieses von ihm in die Patienten hineininterpretierte Verlangen nach Tötung führte umstandslos zur „Vernichtung lebensunwerten Lebens". Der Mitleidsbegriff war bei ihm sogar soweit ausgedehnt, daß er die Tötung eines sogenannten „schwer erziehbaren" Jungen rechtfertigte: „Von Mitleid ist in diesem Falle insoweit zu sprechen, daß dieses Kind sein Leben lang hinter Schloß und Riegel gesessen hätte."[39]

In dieser Betrachtungsweise Faltlhausers kommt an keiner Stelle ein Erschrecken über sich selbst zum Ausdruck. Vielmehr gibt er an, „bedrückt zu sein, nicht helfen zu kön-

---

[38] Gerichtsakte des Strafprozesses gegen Dr. Valentin Faltlhauser, Staatsanwaltschaft beim Landgericht Augsburg, AZ: Schwur 4/49, Kls 93/48.
[39] ibidem

nen". Er sagt, daß es für ihn „schon immer eine Qual war, diesen Dingen machtlos gegenüber zu stehen, nur Wärter zu sein und endlos Beruhigungsmittel geben zu müssen".[40] Belastend war für ihn weniger die Tatsache, daß er anderen Leiden zufügte, als vielmehr seine eigene Machtlosigkeit gegenüber dem Leiden seiner Patienten, welche er auf diese Weise bewältigen wollte. Weniger also die auf seiten seiner Patienten angenommene Unerträglichkeit deren Leidens als die eigene Qual, den Anblick dieses Leidens auszuhalten, erhellt seine wirklichen Handlungsgründe und zeigt die Vordergründigkeit des Mitleidsmotives.

Wie gefährlich ambivalent sogar Dritte dem Mitleidsmotiv gegenüberstanden, wird an der Zeugenaussage des Franziskanerpaters Clemens deutlich, der von 1940 bis 1945 in Kaufbeuren Krankenseelsorger war: „Dr. Faltlhauser hat den einzelnen Patienten und insbesondere den Kindern gegenüber sehr viel Gutes getan. So hat er zum Beispiel mit den ärmsten Krüppeln gespielt, in väterlicher Liebe. Ich bin, nachdem ich das Elend in der Heilanstalt Kaufbeuren und besonders im Kinderhaus mit eigenen Augen gesehen und erlebt habe, der Ansicht, daß es für einen Menschen, der nicht aufgrund positiver religiöser Bindung die Tötung jeden menschlichen Lebens für unerlaubt hält, daß es als nützliche Lösung erscheint, solche armen Kreaturen von der Not ihres Lebens zu erlösen. Ich kann dabei aus wirklichem Mitleid oder aus einer gewissen Brutalität heraus handeln."[41]

Es fällt offenbar schwer, eine dezidierte Haltung zur Mitleids-Tötung einzunehmen, wenn man sich auf die reine Außenansicht des Mitleids-Motives beschränkt: Selbst ein katholischer Priester verhielt sich dazu offensichtlich ambi-

[40] ibidem
[41] Der Zeuge Clemens Kesser bei seiner Vernehmung vor dem Landgericht Kempten am 28.04.1948, AZ: 1JS 8825-31/47 und Kls 93/48.

valent. Darum ist die psychologische Innenperspektive mitleidsmotivierter Tötungshandlungen aufschlußreicher für deren ethische Bewertung. Die Frage ist also: Gehört Mitleid zurecht, ohne psychologische Reflexion, zu der berufsethisch begründeten Handlungsorientierung von Ärzten, oder korrumpiert Mitleid das ärztliche Berufsethos unter gewissen Bedingungen?

Klaus Dörner hat den Begriff des therapeutischen Idealismus geprägt.[42] Therapeutisches Ziel ist dabei in jedem Falle die Heilung einer Erkrankung und die vollständige Befreiung von einem Leidenszustand. Der Gedanke palliativer Überlegungen kommt in diesem Konzept nicht vor. Für diese Haltung bedeutet die Akzeptanz eines unabänderlichen Leidens eine Kränkung. Wo diese Kränkung unentdeckt bleibt, kann sie Ursache für latent aggressives Verhalten sein. Wessen Leiden sich der gutgemeinten therapeutischen Maximalforderung beharrlich widersetzt, der wird unbewußt gewissermaßen zu einem Gegner des Therapeuten. Man könnte sagen, daß therapeutischer Idealismus das Gefühl des Heroischen hervorruft und die Grenze zwischen Mitleid und Aggression verwischt. Es geht zwar zunächst in der Tat darum, die Leidenszustände von Patienten zu lindern. Im Zweifel schreckt der Arzt aber nicht davor zurück, dieses Ziel auch dadurch zu erreichen, daß er die Leidenden tötet.

Auf der rationalen Ebene hatten nationalsozialistische Psychiater deswegen auch immer das Argument auf ihrer Seite, nur das Beste für ihre Patienten zu wollen. Dabei waren sie durch die heldenhafte Vorstellung geleitet, daß ein Menschenleben gar nicht so wertvoll sein könne wie gewisse andere Güter, welche die nationalsozialistische Ideologie diktierte. Für NS-Ärzte mit ihrer Maximalvorstellung von einer

---

42 Dörner, Klaus (1989), Tödliches Mitleid, Gütersloh: Jakob van Hoddis.

leidensfreien Gesellschaft waren Patienten als Objekt so lange gut, wie sie heilbar waren. Menschen wurden dabei betrachtet wie Sachen. Und der Begriff des Unheilbaren bedingte die zusätzliche Bedeutung des Überflüssigen, weil unheilbare Objekte für einen totalitären Heilungsanspruch uninteressant waren.[43]

Die tiefenpsychologische Interpretation des Umschlags von Mitleid in Aggression nimmt ihren Ausgangspunkt vom Unbewußten in uns. „Das Unbewußte in uns glaubt nicht an den eigenen Tod. Es ist gezwungen, sich unsterblich zu gebärden."[44] Mit einem gewissen Recht kann man hier in die tiefergelegene archaische Ursache für den therapeutischen Idealismus sehen. Angesichts eines unabänderlichen schweren Leidens von Patienten muß durch den Arzt eine tiefe Erschütterung gehen, wenn er in den unlösbaren Konflikt zwischen urmenschlicher Unsterblichkeitsgebärde und vollkommener Entmachtung durch Leiden, Sterben und Tod gerät. Aus der Sicht des therapeutischen Idealismus muß das unabänderliche Kranksein als Störgröße erscheinen. In einem tieferen Sinne kann man die Aussage Faltlhausers repräsentativ für andere Psychiater, die aus Mitleid töteten, als eine Form von Abwehr deuten, welche den Arzt vor seinen Patienten schützen sollte, deren kränkenden Anblick er nicht aushält.

Der psychoanalytische Ansatz S. Freuds deckt diesen unbewußten Tötungsimpuls als seelische Realität auf. „Der Unterschied ist nur, wir führen den Tod nicht wirklich herbei, wir denken und wünschen ihn nur. Aber wenn Sie diese sogenannte psychische Realität gelten lassen, so können Sie sagen, in unserem Unbewußten sind wir alle noch heute eine Rotte von Mördern. Wir beseitigen in unseren stillen Gedanken alle, die uns im Weg stehen, die uns belei-

---

[43] ibidem
[44] ibidem

digt oder geschädigt haben, täglich und stündlich, das: ‚Hol'
ihn der Teufel', das sich als schwächliche Interjektion so
häufig über unsere Lippen drängt und das ja eigentlich bedeutet: ‚Hol' ihn der Tod' ist für unser Unbewußtes kraft-
voller Ernst. Ja unser Unbewußtes mordet selbst für Kleinig-
keiten; [...] ein wahres Glück, daß alle diese bösen Wünsche keine Macht besitzen. [...]. Ich kann Ihnen das alles
ruhig sagen, weil ich weiß, daß Sie es ja doch nicht glauben.
Sie glauben mehr ihrem Bewußtsein, das solche Möglichkeiten als Verleugnung zurückweist."[45]
Wenn man den archaischen Anteil unserer seelischen
Wirklichkeit ernst nimmt, so gewinnt man in der Tat einen
Ausgangspunkt für die Vorstellung von der Tötungsenthemmung jener Ärzte, die im Dritten Reich töteten, weil sie
unfähig waren, Leiden in ihr ärztliches Selbstverständnis zu
integrieren.

Dies gilt nicht nur für die Vergangenheit. Auch heute besteht die Gefahr, daß Ärzte „mit der veräußerlichten Abwehr eigener desintegrativer Tendenzen Patienten für etwas
bestrafen, was eigentlich ihr Problem ist".[46] Um die eigenen
Todesängste abzuwehren, wird man sentimental. Sentimentalität immunisiert die Urteilskraft gegen das standesrecht-
liche Tötungsverbot unter der Annahme, man müsse doch
schließlich irgend etwas tun können. Tödliches Mitleid
wird zum Leitmotiv, eine sentimentale Stimmung durch-
bricht allmählich die Tötungshemmung, und diese erhält
eine zusätzliche Legitimation durch den Tötungswunsch
des Patienten.
Außer der Abwehr durch scheinbares Mitleid wissen wir,
daß im Zusammenhang mit der Tötungsenthemmung
nationalsozialistischer Ärzte auch die Abspaltung von Tei-

---

45 Freud, Sigmund: Wir und der Tod, in: Psyche 2/45 (1991), p. 140.
46 Dörner (1989).

len der Wirklichkeit eine Rolle spielte. Eine KZ-Ärztin sagte in Nürnberg folgendes aus: „In der tiefsten Routine ging doch nie das Gefühl verloren, in einer vollkommen außergewöhnlichen Umgebung zu leben, die von allem Normalen so unterschieden war, daß schlechthin alles, was hier geschah, nicht zählte. Selbst während man es tat, konnte man nicht glauben, was man tat. Die Sache ist die, daß Sie, wenn Sie etwas absolut Unglaubliches tun und Sie unfähig sind, es zu glauben, Sie es eben nicht glauben [...]."[47] Diese Abspaltung der objektiven Realität zeigt, daß die menschliche Psyche schlechterdings jede gegebene Realität zu einer individuellen anderen Wirklichkeit umkonstruieren kann, so daß die Beteiligung der eigenen Empfindungen nicht mehr wahrgenommen wird.

Tötungsenthemmung in der Gegenwart

Die moderne Diskussion um „Tötung auf Verlangen" wirft erneut die Frage auf, welche Bedeutung tiefenpsychologischen Momenten bei Tötungshandlungen zukommt. Es geht dabei nicht darum, auf einfache Art eine Parallele zwischen ‚damals' und heute zu konstruieren. Es geht vielmehr darum, Gefahren aufzuzeigen, die mit der Rationalisierung der Tötungsenthemmung verbunden sind. Es geht auch um die Aufforderung, mögliche Handlungsantriebe zu reflektieren und offenzulegen. Es muß gefragt werden, welche Rolle individual-psychologische und sozial-psychologische Wirkungsmechanismen für das Verhältnis von Mitleid und Töten spielen.

Helferabsichten sollten nämlich immer erst auf ihre wirkliche Motivation hin durchleuchtet werden. Wer als

---

[47] Zitiert nach Lifton, Robert J. (1978), Ärzte im Dritten Reich, Stuttgart: Klett-Cotta, p. 535.

Arzt länger im Berufsleben steht, weiß, daß man erst durch innerseelische Reifungsprozesse echte Empathie für seine Patienten von scheinbarem Mitleid trennen lernt. Ein aktuelles Beispiel für diese Gefahr eines mangelnden Unterscheidungsvermögens liefert der Fall einer Krankenschwester, die wegen Totschlags in fünf Fällen wegen vor dem Landgericht Wuppertal angeklagt war. H. Maisch stellte als psychologischer Gutachter im Sommer 1989 fest, daß bei dieser Krankenschwester ein „symbiotischer Grenzverlust zu den Patienten"[48] vorlag. Gerade wegen des symbiotischen Grenzverlustes war sie unfähig, das Leid ihrer Patienten von ihrem eigenen Leid zu unterscheiden, und sie betonte auch mehrmals, sie habe das Leiden nicht mehr mit ansehen können. Gleichzeitig unterstrich sie ihren Helferwillen, der machtlos den scheinbar sinnlosen Qualen ihrer Patienten gegenüberstand, woraus sie den Schluß zog, daß es gerechtfertigt sei, diese Qualen abzukürzen. Sie habe ihre Taten deswegen auch nicht als besonders schrecklich, sondern als Gnade und Erlösung für die Betroffenen empfunden.

Die gleiche Krankenschwester, die dies behauptete, machte folgenden Eintrag in das Übergabebuch ihrer Station über eine 82jährige Patientin: „Kreislauf mäßig bis saumäßig, Diurese mies bis ganz mies, AZ nicht unbedingt der beste, führt nicht mehr flüssig ab, bitte öfter in LH [Leichenhalle] nachsehen, ob die Patientin noch ruhig liegt, war unruhig, Patientin wurde auf eigenen Wunsch dorthin verlegt. Ansonsten ruhigen Dienst, schönes Wochenende, wenig Maloche."[49] Aus diesen Worten strömt einem die ganze Abneigung gegen jene entgegen, die durch ihr Siechtum vorausahnen lassen, wie es einem selbst gehen könnte.

---

[48] Maisch, H. zitiert nach Heinrich, K.: Die Vernichtung des Unerträglichen?, in: Fortschr Neurol Psych 59 (1991), p. 153.
[49] s. Anm. 14

Die Fremdidentifikation mit dem Leiden der ihr anvertrauten Patienten hatte in diesem Fall „eine gefährliche Schattenseite, einen Negativabdruck"[50].

Ein zweites aktuelles Beispiel für die Verdrängung angemessener Gefühle vor dem Tod eines Menschen durch Rationalisierung zeigt eine Szene aus dem Film „Tod auf Verlangen" von Marten Nederhorst, der 1994 im ORF-1 zu sehen war. Der Film dokumentiert die verlangte Tötung eines Patienten aus Holland, der an einer „amyatrophischen Lateralsklerose" erkrankt ist. Bevor ein holländischer Arzt dem Patienten die Todesspritze gibt, trinken beide gemeinsam mit dessen Ehefrau ein letztes Glas Wein zum Abschied. Als der Arzt fragt: „Sollen wir noch länger warten – oder was meinen Sie?" unterbricht ihn die Ehefrau des Patienten mit den Worten: „Lassen Sie ihn noch seinen Portwein austrinken." Daraufhin saugt der Patient durch den Strohhalm sein Glas leer und willigt schließlich ein, getötet zu werden. Rationalisierung heißt hier der Versuch, künstliche Normalität in eine völlig außergewöhnliche Situation zu bringen. Das eigentliche Problem der Situation verschwindet hinter der scheinbaren Normalität.

Der Begriff des „Gnadentodes", die Vorstellung von der Erlösung eines Patienten von seinem Leiden und die Rolle des Arztes in diesem Gefüge bewußter und unbewußter seelischer Anteile muß meines Erachtens durch intensive Selbsterfahrung auf mögliche psychologisch tiefergelegene Handlungsmotivationen hin untersucht werden. Was passiert in einem Arzt, wenn er, entgegen der hippokratischen Tradition, die Grenzüberschreitung über das unbedingte Tötungsverbot hinaus wagt und bereit ist, Patienten zu töten? Über die innerseelischen Handlungsbedingungen

---

50 Emrich, H.M. (1991), Euthanasie und menschliches Handeln, in: M. Frensch, M. Schmidt (Hrsg.), Euthanasie – Ein Angriff auf die Person des Menschen, Schaffhausen: Novalis.

dieses Vorganges liegen noch keine evaluierten psychologischen Forschungen vor. Der alleinige Verweis auf auf die Motivationsstruktur nationalsozialistischer Ärzte genügt sicherlich nicht. Es besteht ein Defizit an Forschung, und dieses kann nur durch eine intensive, systematische Befunderhebung der wirklichen Handlungsgründe holländischer Ärzte, die töten, verringert werden. Die testpsychologischen Verfahren für solche Erhebungen stehen eigentlich zur Verfügung. Es kommt also nicht auf vorschnelle Vergleiche an. Vielmehr müssen diese Ärzte das Bewußtsein für ihre ursprünglichen Handlungsantriebe erst entwickeln und unterscheiden lernen, inwieweit sie Patienten helfen wollen und inwiefern sie Hilfe für sich selbst brauchen.

Man muß viel grundsätzlicher nach dem bislang ungeklärten Verhältnis von Tötungswünschen auf seiten der Patienten und Tötungsenthemmung bei Ärzten fragen. Warum ein Arzt tötet muß eindringlicher als psychologisches Problem gekennzeichnet werden. Die jeweils individuellen Abwehrmechanismen wissenschaftlich zu untersuchen, stellt eine dringliche Aufgabe dar. Denn erst die Aufdeckung der tiefergelegenen Handlungsmotive kann die beängstigende Tatsache erklären, daß Ärzte töten.

Die Reflexion der Zusammenhänge, die bei der „Tötung auf Verlangen" eine Rolle spielen, sollte in der ärztlichen Ausbildung und der späteren Berufstätigkeit zum Standard werden. Nur daraus kann sich das Bwußtsein dafür festigen, daß es ein ärztliches Töten aus Mitleid nicht gibt.

Erklärungen des Deutschen Ärztetages zur Euthanasie

98. Ärztetag 1995

Aktive Sterbehilfe

„Mit Sorge verfolgt der Deutsche Ärztetag die Entwicklung der Praxis und gesetzlichen Regelung der Euthanasie in den Niederlanden. Auch wenn diese Entwicklung von humanen Motiven der beteiligten Ärzte getragen ist, droht mit ihr doch die Tötung unheilbar kranker Menschen zu einem Bestandteil ärztlicher Aufgaben zu werden.

Grundlage des Vertrauensverhältnisses zwischen Arzt und Patient ist seit jeher der ärztliche Auftrag, menschlichem Leben nicht zu schaden, sondern es zu erhalten und zu fördern. Dieses Vertrauensverhältnis wäre erheblich gefährdet, wenn der Arzt dem Patienten nicht mehr allein in seiner traditionellen Rolle als Heilender und Helfender, sondern ebenso als Tötender begegnen könnte.

Der Auftrag des Arztes verlangt nicht die Verlängerung des Lebens um jeden Preis, schließt aber seine gezielte Verkürzung durch ärztliche Eingriffe aus. Die Angst vor unerträglichem Leiden und vor den medizinischen Möglichkeiten der Lebensverlängerung über ein sinnvolles Maß hinaus darf nicht dazu führen, daß der Arzt auch mit der Erlaubnis zu töten ausgestattet wird. Der Deutsche Ärztetag tritt daher allen Bestrebungen zur Durchführung und Legalisierung aktiver ärztlicher Euthanasiemaßnahmen entschieden entgegen."   (Quelle: Deutsches Ärzteblatt 92, 9. Juni 1995)

99. Ärztetag 1996

„Seit der Erschließung des Deutschen Ärztetages im vergangenen Jahr hat die Entwicklung der Praxis der gesetzlichen Regelung der Euthanasie in den Niederlanden die damaligen Befürchtungen bestätigt. Sterbehilfe bei potentiell reversiblen psychischen Leidenszuständen wurde ebenso wie die Tötung schwerbehinderter Neugeborener oder komatöser Patienten zum Bestandteil ärztlichen Handelns. Die niederländische Regierung plant nunmehr einen Gesetzentwurf zur völligen Legalisierung der Euthanasie noch in diesem Jahr.

Auch in unserem Land nimmt die Diskussion über die Legalisierung der Tötung auf Verlangen zu. Eine Tötungshandlung aber unterscheidet sich im Sinngehalt und dem inneren Empfinden nach grundlegend von dem Verzicht auf lebensverlängernde Behandlungen über ein sinnvolles Maß hinaus. Die Diskussion über eine Begrenzung intensivmedizinischer Maßnahmen am Ende des Lebens darf nicht dazu benutzt werden, diesen Unterschied, der zum Kern des ärztlichen Selbstverständnisses gehört, zu verwischen.

Der Deutsche Ärztetag bekräftigt daher erneut die entschiedene Ablehnung ärztlicher Euthanasiemaßnahmen. Nicht aktive Euthanasie, sondern der rückhaltlose Schutz chronisch kranker, behinderter und pflegebedürftiger Patienten sowie die adäquate menschliche und medizinische Begleitung Sterbender sind ärztliche Aufgabe und Verpflichtung.

(Quelle: münchner ärztliche anzeigen, 27. Juli 1996, p. 13)

Alternative Hospiz

Michael Kearney
Schritte in ein ungewisses Land
Seelischer Schmerz, Tod und Heilung
- Geschichten und Erfahrungen
Vorwort von Cicely Saunders
192 Seiten, Klappenbroschur
ISBN 3-451-26293-2

Stephen Levine
Sich öffnen ins Leben
Begegnungen und Gespräche mit Schwerkranken, Sterbenden
und Trauernden. Wie wir behutsam begleiten können
256 Seiten, Klappenbroschur
ISBN 3-451-26134-0

Elisabeth Albrecht/Christel Orth/Heida Schmidt
Hospizpraxis
Ein Leitfaden für Menschen, die Sterbenden helfen wollen
Band 4399
Leben bis zuletzt: Wie man Tod und Sterben aus der sozialen Isolierung
befreien und Sterbende auf ihrem Weg begleiten kann.

Cicely Saunders
Hospiz und Begleitung im Schmerz
Wie wir sinnlose Apparatemedizin und einsames Sterben
vermeiden können
Band 4213
Das Handbuch für alle, die Sterbenden hilfreich nahe sein wollen.

Richard Lamerton
Sterbenden Freund sein
Helfen in der letzten Lebensphase
Vorwort von Paul Türks
Band 4004
Menschliche Nähe für Sterbende und Trauernde ist wichtig und möglich.

HERDER